El verdadero poder del agua

El verdadero poder del agua

APROVECHA LA ENERGÍA SUTIL DEL UNIVERSO

Masaru Emoto

Grupo Editorial Tomo, S.A. de C.V.,
Nicolás San Juan 1043,
03100, México, D.F.

1a. edición, septiembre 2006.

Nicolás San Juan 1043, Col. Del Valle
03100 México, D.F.
Tels. 5575-6615, 5575-8701 y 5575-0186
Fax. 5575-6695
http://www.grupotomo.com.mx
ISBN: 970-775-222-x
Miembro de la Cámara Nacional
de la Industria Editorial No. 2961

Traducción: Graciela Frisbie
Formación tipográfica: Servicios Editoriales Aguirre, S.C.
Diseño de Portada: Karla Silva
Supervisor de producción: Leonardo Figueroa

Impreso en México - *Printed in Mexico*

CONTENIDO

INTRODUCCIÓN

Aunque he estudiado el agua por mucho tiempo, mi formación universitaria no fue en el campo de la ciencia. Me especialicé en Relaciones entre Estados Unidos y China en el Departamento de Relaciones Internacionales, Facultad de Ciencias y Humanidades, de la Universidad de Yokohama. Mis antecedentes académicos son en el campo de las humanidades. No fue sino hasta 1987, a los cuarenta y tres años de edad, que descubrí la maravilla y el misterio del agua. En ese entonces estaba trabajando en el comercio, y uno de mis colegas me mostró un agua que hizo milagros con el dolor que yo tenía en el pie. Esta experiencia me fascinó.

Mi fascinación me llevó a estudiar el agua profundamente, y al paso del tiempo he llegado a convencerme de que el agua puede recibir información. No me refiero a la información que recibimos cuando vemos televisión, escuchamos las noticias en la radio o leemos artículos en revistas y periódicos. Más bien me refiero a los factores externos que afectan a la mente y al cuerpo. Por ejemplo, cuando vemos un paisaje hermoso, nos sentimos llenos de paz. Cuando escuchamos música bonita, sentimos que nuestro corazón se purifica. Uso la palabra *información* para referirme a estos factores externos que afectan a nuestra mente y a nuestro cuerpo.

A partir de la gran cantidad de años dedicados a la investigación, he llegado a la conclusión de que el agua cambia su calidad según la información que recibe. Por desgracia, esta idea que en cierta medida es radical y que parece contraria al sentido común de la ciencia convencional, no se recibió favorablemente. Fue necesario encontrar algo que pudiera utilizarse como evidencia física de esta idea.

Un día, por casualidad abrí un libro, *El día en que el relámpago persiguió a una ama de casa; y otros misterios de la ciencia,* de David Savold y Julia Leigh (editora), y un título captó mi atención: "¿Hay cristales de nieve idénticos?"

Este libro señalaba que, en el transcurso de millones de años, nunca ha habido dos cristales de nieve idénticos. Yo sabía esto desde que era niño; no era nada nuevo. Sin embargo, en el contexto de mi búsqueda, esta línea me emocionó, aunque era simplemente sentido común.

Brotó en mi mente una idea nueva: ¿qué pasaría si congelara agua y observara los cristales? De inmediato le dije a un investigador joven que iniciara el experimento. (Los detalles del experimento se explicarán posteriormente en el libro.) Después de dos meses de lucha, en septiembre de 1994, pudo sacar la primera fotografía de un hermoso cristal hexagonal de agua congelada. Fue la primera foto de un cristal de agua que se tomó.

Naturalmente, cuando publiqué por primera vez mis descubrimientos sobre el agua en un libro titulado *Hado no Shrini* (*La verdad sobre la fluctuación de las ondas*) (PHP Publishing, noviembre de 1994), no tenía idea de que el mundo recibiría mi libro con sorpresa y aprecio, ni que tendría un eco tan fuerte entre la gente. Supuse que alguien más había tenido una idea similar y que tal vez la había utilizado durante mucho tiempo.

Desde entonces he estado obsesionado con el agua. Después de que logramos fotografiar cristales de agua en 1994, acumulamos fotos de cristales de agua a lo largo de los cinco años siguientes. Durante ese lapso, publiqué algunos libros sobre el tema del *hado* (la energía o vibración inherente a todas las cosas, lo que se explicará posteriormente en más detalle) y mis estudios sobre el agua, y presenté mi trabajo en tres reuniones académicas. Sin embargo, no encontré a nadie que tuviera conocimiento de estudios similares.

A finales de 1998 presenté mi trabajo en la reunión de una Sociedad de la Ciencia del Cuerpo Humano en la Universidad Tenri. Estaba presente el Dr. Kazuo Murakami, conocido investigador en el campo de los genes y profesor en la Universidad Tukuba (que en la actualidad es profesor emérito). Sus elogios fueron los primeros que recibí por parte de un científico con autoridad.

Por consiguiente, tomé la decisión de publicar mis fotos en un libro titulado *Mensajes del agua*; mi esposa, Kazuko, se hizo cargo de la publicación. Se estableció que la fecha de publicación sería junio de 1999, y me aventuré a añadir una traducción inglesa a todo el texto y a iniciar el subtítulo con la palabra *Sekaihatsu* (Primera a nivel mundial). El utilizar tanto el japonés como el inglés en las explicaciones de cada imagen del libro, cambió mi vida, pues captó la atención de muchos extranjeros. En la actualidad, este libro ya se ha traducido a veintitrés idiomas.

El tiempo vuela, y ya pasaron seis años. Ahora recibo invitaciones de todas partes del mundo para hablar sobre temas relacionados con el agua y el hado.

El interés y la respuesta que ha despertado la información que presento han sido abrumadores. Hace unos tres años me entrevistó el director de relaciones públicas de Siemens. Después de la entrevista escuché que la empresa había empezado a proporcionar agua hado (agua a la que se ha dado buena energía) en su restaurante. Cada año me invitan a Augsburg para hablar ante aproximadamente mil personas sobre el hado. Desde 2002, han dado a su simposio el nombre de hado. Hado se ha convertido en una palabra independiente en Alemania.

En Holanda tuve el honor de conocer a la princesa Irene, hermana de la reina Beatriz. La princesa Irene es naturalista e invitó a siete u ocho eruditos a dar charlas individualizadas. Se me eligió para representar al área intelectual en lo relacionado con el agua. Estas charlas, incluyendo la del famoso biólogo británico Rupert Sheldrake, se publicaron en holandés.

He dado conferencias en América del Norte, en varias ciudades de Estados Unidos y dos veces en la Universidad de Harvard, y he recibido numerosas solicitudes por parte de Canadá, donde existe un gran interés en la naturaleza y en los problemas ambientales. Durante la serie de seminarios que impartí en Canadá en mayo de 2003, visité Victoria, Vancouver, Calgary, Edmonton y Toronto, donde el síndrome agudo de problemas respiratorios severos fue uno de los temas que más interés despertaron.

A medida que aumenta el número de países que visito, más personas responden a estas ideas. Sin embargo, todavía no he encontrado a una persona que esté llevando a cabo estudios similares o que sepa de alguien que lo esté haciendo. Un hombre común como yo sin conocimientos excepcionales en el campo de las ciencias naturales y la religión y sin estar relacionado con ellas, ha llegado a ser un investigador del agua, que da conferencias en todo el mundo y escribe un libro tras otro sobre el agua, para su publicación y traducción. Este hecho muestra la poca investigación que se ha hecho sobre el agua en otros lugares, y durante cuánto tiempo se ha descuidado el verdadero poder del agua.

Un cuerpo adulto es 70 por ciento agua. Por lo tanto, en lo que concierne al material de que estamos hechos, podemos decir que somos agua. Sin embargo, el agua casi no se ha investigado hasta ahora. Quizás ésa es la razón por la cual no comprendemos a otras personas, ni entendemos nuestra esencia.

Por lo general, bebemos agua sin ponerle mucha atención. Sabemos que el agua es importante para sostener nuestra vida, pero debido a su familiaridad, en muy raras ocasiones la apreciamos de manera consciente. A continuación hay unas preguntas e ideas para meditar; son preguntas que abordaremos en este libro:

- ¿Qué tan seriamente piensas en las características del agua?
- ¿Estás consciente de que el agua que bebes es capaz de mejorar tu salud y tu vida?
- ¿Sabes que tu capacidad consciente puede cambiar al agua? Cuando muestras tu gratitud al agua, su calidad mejora. Cuando la insultas o la ignoras, se deteriora.

Se dice que el siglo XXI es la era de Acuario, y en astrología, Acuario es el signo del aguador. Además, las Naciones Unidas ha elegido al año 2005 como "El inicio de la década del agua (2005-2014)". No debemos ver esto sólo como un anuncio a bombo y platillo.

Aprendamos cada vez más sobre el agua. Pongámosle cada vez más atención. Aprendamos más sobre nosotros mismos. Cuanto más sabes sobre el agua, te verás con más claridad. Cuanta más claridad haya en ti, podrás ver a la sociedad, a la nación, al mundo, a la Tierra, al universo y finalmente al ser divino. Eso se debe a que "el agua es el principio primordial de todas las cosas", como dijo Tales, el filósofo griego.

Si este libro te proporciona la oportunidad de tener un pensamiento positivo sobre el agua y pensar en lo que significa vivir con salud y felicidad, ése será el mayor placer para mí como autor.

Deseo expresar mi gratitud al señor Akihiro Maruki, de Kodansha, jefe del Departamento de Cultura de la Vida, y a Azusa Shinimi, editora, por la publicación de este libro en Japón. Agradezco también a Noriko Hosoyamada por su traducción al inglés y a la editorial Beyond Words por publicar el libro en este idioma. En nombre del agua, les expreso mi gratitud. Finalmente, ofrezco a mis lectores mi cariño y mi agradecimiento.

CAPÍTULO UNO

El proceso de descubrimiento

Cómo empezó la investigación

Como mencioné en la introducción, tuve la idea de fotografiar cristales de agua cuando por casualidad abrí un libro y vi el título "¿Hay cristales de nieve idénticos?"

Por fortuna, la empresa comercial para la que trabajaba contrató al señor Kazuya Ishibashi, un investigador que había estudiado ciencias aplicadas en su programa de doctorado en la Universidad Kumamoto. Como es natural, estaba entrenado en el uso del microscopio. Y renté un microscopio de alta precisión y le pedí que fotografiara cristales de hielo. El señor Ishibashi me miró asombrado, pero yo insistí enfáticamente: "Estoy absolutamente seguro. Deberíamos poder tomar fotos de cristales de agua".

Dije: “Puede hacerse. Tú pareces tener dudas, pero yo confío que puede hacerse. Confía en mí, y por favor inténtalo con ganas y podrás tomar fotos de cristales de agua”.

Después de que le di la orden, dedicó dos meses a repetir el procedimiento de congelar agua y observarla con el microscopio. Día tras día, observaba el agua con el microscopio, pero sin resultados. Yo por mi parte, esperaba a que terminara su trabajo en la noche y lo llevaba a tomar un trago. Tomar su sake favorito le levantaba el ánimo aunque todavía no hubiera logrado resultados en el laboratorio.

Lo único que yo podía hacer, no teniendo las destrezas necesarias para realizar el experimento, era pedirle que continuara con él y consolarlo. Traté de motivar al señor Ishibashi para que siguiera esforzándose en el laboratorio.

Mi esposa a menudo dice que es afortunado que el señor Ishibashi haya realizado ese trabajo y no yo, considerando la manera en que se esforzó. Estoy de acuerdo en que la razón por la cual pudimos llegar a fotografiar un cristal por primera vez en el mundo es que puse el proyecto en manos del señor Ishibashi, quien perseveró en él. Después de dos meses de arduo trabajo, logramos finalmente nuestra primera foto de un cristal de agua.

Nunca olvidaré la cara del señor Ishibashi cuando salió corriendo del laboratorio con la fotografía en la mano para mostrármela. Cuando pienso en la actitud que teníamos entonces, me doy cuenta de que nuestra intención era pura ante la desafiante tarea de fotografiar cristales de agua. Es posible que la pasión con que yo abordé el proyecto haya influido en el señor Ishibashi, que al principio tenía dudas al respecto, pues llegó a sentirse confiado en el trabajo que estábamos realizando. Seguramente por eso fue que el agua nos mostró su hermosa forma. Si nuestra intención hubiera sido ganar dinero, no creo que el agua hubiera respondido a nuestro ávido espíritu formando cristales.

A medida que continuamos realizando nuestros experimentos y tomando fotos, adquirimos una mejor comprensión de la mejor manera de realizarlos. Más tarde, instalamos tres congeladores de gran tamaño que podían conservar una temperatura constante de -5 grados centígrados.

¿Cómo tomamos nuestras fotos? Describiré nuestros métodos actuales. En primer lugar, ponemos una muestra de agua en una botella de cristal y la exponemos durante un tiempo a cierta información, como una palabra, una imagen o música. Después, esta agua se vierte en cincuenta cajas de Petri (de 5 centímetros de diámetro). Luego, estas cajas de Petri se colocan en el congelador y se congelan a -25 grados centígrados, o incluso a una temperatura más baja. Cuando se sacan, tres horas más tarde, ya se han formado gránulos de hielo y su centro se ha elevado debido a la tensión de la superficie. Estos gránulos son muy pequeños (miden menos de dos centímetros). Entonces proyectamos luz hacia cada gránulo de hielo y lo observamos en el microscopio.

Si todo va bien, empieza a formarse un cristal a medida que sube la temperatura y el hielo empieza a derretirse. Después de un minuto o dos, se abre como una flor. Las cincuenta cajas de Petri contienen la misma agua congelada en las mismas condiciones. Sin embargo, no todos los gránulos de hielo forman cristales. Mientras que el hielo de algunas cajas de Petri sí forma cristales hermosos, el de otras no los forman en absoluto. (Ver la figura 1.1.)

Cuando sacamos estadísticas, clasificamos los resultados en grupos, por ejemplo, las que tienen muchos hermosos cristales que obviamente son similares, las que tienden a tener muchos cristales colapsados, y las que no tienen cristales. Por tanto, los cristales de agua ciertamente indican la calidad del agua que se está estudiando.

Estado de nuestra agua: natural, de la llave y mineral

Conforme continuamos fotografiando el agua, noté algo. El agua de la llave no formaba cristales en absoluto, mientras que el agua natural, no tratada (no necesariamente agua de reconocida calidad) sí los formaba. La belleza de estos cristales de agua empezaba a intrigarme; los "tentáculos" se extendían con libertad y facilidad partiendo de una base hexagonal. Por otra parte, me pareció increíble lo que vi en las fotos de agua de la llave. Honestamente, sus grotescas formas me parecieron repulsivas. Lejos de formar cristales, el hielo a menudo mostraba formas horribles.

Esto me hizo pensar en el número creciente de personas que se quejan del agua de la llave, especialmente en países desarrollados donde se le añade cloro para desinfectarla. Esa agua tratada no tiene buen sabor ni es buena para la salud, por eso la gente busca agua de otro tipo, por ejemplo, agua mineral, aunque tenga que pagar más por ella. Decidí investigar la formación de cristales de agua natural, agua de la llave y agua mineral para comparar su calidad.

Las personas a menudo dicen que necesito definir a qué me refiero al decir "agua natural". Si quisiéramos definirla como agua que aún no ha recibido influencia humana, no habría "agua natural" en la Tierra. Los humanos definitivamente hemos contaminado el aire. El agua forma nubes en nuestra atmósfera y regresa a la Tierra como lluvia. Después de que la lluvia toca la superficie de la tierra, se absorbe en ella; pero la tierra ya está contaminada. Así que no puede decirse que el agua no haya recibido influencia humana.

No intento exigir este tipo da actitud estricta para definir lo que es "agua natural". Desde mi punto de vista, "agua natural" es el agua que brota de la tierra después de que el agua de lluvia se ha filtrado en la Madre Tierra.

Las pruebas que hemos realizado con agua natural y agua de la llave revelan datos interesantes. El agua de la llave de mi oficina de Tokio no formó cristales. Pero el agua natural sí los formó. En general, el agua de la llave en Tokio no era de buena calidad. Tomamos fotos de muestras de agua de la llave tomadas de diversos lugares en Tokio, y ninguna formó cristales.

Entonces tomamos muestras de agua de la llave en otras ciudades para fotografiarlas: Hokkaido hacia el norte; Kyushu y Okinawa, hacia el sur; Las ciudades de Sapporo, Sendai, Nagoya, Kanazawa, Osaka, Hiroshima, Fukoka y Naha, no tuvieron agua de la llave que generara formas que pudieran llamarse cristales. Es interesante que el agua de la llave de la ciudad de Katano, al norte de Osaka, cerca del límite de las prefecturas de Kyoto y Nara, produjera hermosos cristales, pues contenía un 60 por ciento de agua filtrada de la tierra.

Tenía la esperanza de encontrar agua de buena calidad en Asia, pero descubrí que el agua de Hong Kong, Macao y Bangkok era de mala calidad.

¿Y qué decir del agua de Europa? Cada vez que visitaba las grandes ciudades europeas, como Londres, París y Roma, tomaba muestras de agua de la llave para fotografiarlas, pero el agua congelada generaba formas que ni por asomo eran cristales. El agua de la llave de Venecia, que se ha considerado la capital del agua, estuvo un poco mejor que el agua de otras ciudades, pero tampoco formó cristales.

Las ciudades cuya agua de la llave no nos desilusionó fueron Vancouver, Canadá; Buenos Aires, Argentina; y Manaus, Brasil. Su agua me causó muy buena impresión, pues formó hermosos cristales, lo que no ocurre con el agua de la llave de otros lugares. Todas esas ciudades se localizan cerca de fuentes de agua natural. Realizamos ese estudio hace ya varios años, así que no sé si el agua de la llave de estas ciudades sigue siendo capaz de formar cristales, pero espero que así sea. (Ver la figura 1.2.)

Tomar muestras de agua de manantial a lo largo de Japón fue un proyecto muy emocionante. Ochenta por ciento del territorio japonés es montañoso. Como Japón se localiza en la zona húmeda y templada de Asia, tenemos mucha lluvia, que se absorbe en las montañas y en los bosques. Después se filtra en la tierra y hay manantiales en muchos sitios de Japón. Ninguna otra nación desarrollada tiene la riqueza que tiene Japón en lo que a agua natural se refiere.

El agua que pasa a través de este sistema natural de filtración tiene buen sabor y es buena para la salud. De modo que Japón está experimentando ahora un auge sin precedente en lo que concierne al agua natural. Alguien hizo una comparación interesante: el precio del agua es más o menos igual al precio del petróleo, aunque el precio del petróleo incluye grandes sumas de dinero que se invierten en contratos, embarques y refinerías. Dependiendo de su tipo, el agua puede ser más cara que el petróleo.

Algo es seguro: muchas personas que quieren beber agua natural están dispuestas a pagar mucho por ella. Sin embargo, incluso el agua natural está empezando a contaminarse. Según una prueba llevada a cabo por el Instituto de Higiene de la ciudad de Yokohama, se pueden detectar ciertas sustancias químicas en algunas aguas minerales. El resultado de este estudio se publicó en la primera plana del diario *Mainichi,* el 20 de abril de 2003. El artículo dice lo siguiente:

> Se ha informado que el Instituto de Higiene de la ciudad de Yokohama ha detectado formaldehídos y acetaldehídos en algunas aguas minerales que se venden en Japón. Si esto se compara con las cifras que corresponden al agua de la llave en esta ciudad, algunos productos contenían más del 80 por ciento de esa cifra. Sin embargo, esta cantidad no se considera dañina para la salud humana. La calidad del agua mineral se regula de acuerdo con los estándares establecidos por el Acta de Higiene Alimenticia; el número de criterios que se toman en cuenta es menor al de los criterios que se utilizan para evaluar el agua de la llave. El Ministerio de Salud, Trabajo y Bienestar de Japón inició la tarea de establecer nuevos estándares respecto al agua mineral en el otoño de este año. Sin embargo, no se ha decidido en qué forma se va a resolver el asunto de los aldehídos.
>
> El estudio se realizó con agua mineral embotellada que se vende en la ciudad de Yokohama. Entre los treinta productos que se estudiaron,

catorce se importan de Estados Unidos, Francia y Canadá, y dieciséis fueron muestras de agua doméstica tomadas de diez prefecturas. Con el método de análisis desarrollado por el instituto, se analizó el agua con el fin de encontrar en ella formaldehídos y acetaldehídos.

Como resultado, se detectaron aldehídos en el agua de diecinueve muestras, cinco importadas y catorce domésticas. Entre las diecinueve muestras, diecisiete contenían formaldehídos y acetaldehídos.

La concentración más alta de formaldehídos se encontró en una de las muestras de agua doméstica, con una cifra de 59 gramos por litro. En cuanto a los acetaldehídos, una de las muestras importadas de Estados Unidos arrojó la cifra de 260 gramos por litro. Ambas sobrepasan las cifras del agua de la llave de la ciudad de Yokohama (13 microgramos de formaldehídos y 3.1 microgramos de acetaldehídos).

En Japón, el agua mineral se clasifica como bebida no alcohólica y debe tener las especificaciones estándar establecidas por el Acta de Higiene Alimenticia, la cual no incluye especificaciones relacionadas con acetaldehídos. Por otra parte, los estándares de pureza del agua de la llave incluyen a los formaldehídos como un elemento de control, y su valor indicador se establece en 80 microgramos por litro (incluyen-

> do factores para regular que no se exceda este valor).
>
> Se cree que las causas de la presencia de estas sustancias impuras podría estar en su fuente o en el proceso de fabricación, pero el instituto comentó que no era claro. No se confirmó que exista relación con el material con que están hechos los contenedores.
>
> Estudios epidemiológicos han determinado que los formaldehídos son carcinógenos. Se considera que son sustancias que producen el síndrome de "enfermedades del hogar"y de hipersensibilidad química. En estudios realizados con animales, se ha confirmado que los acetaldehídos son carcinógenos.

Lo que yo temía se ha vuelto realidad: el agua mineral está contaminada por manos humanas. No muchas personas están conscientes de esto en Japón; sin embargo, se ha mencionado como una situación posible en algunos países de occidente.

Después decidimos fotografiar cristales de agua mineral. Entre las tres marcas comerciales seleccionadas, dos de las domésticas formaron cristales hermosos. Espero que esto no haya sido accidental y que esa agua siga siendo de buena calidad. (Ver la figura 1.3.)

En el futuro, muchas empresas de agua mineral se sentirán presionadas, pues en los países occidentales muchas personas han empezado a evitar el agua mineral.

Cuando visité Canadá para dar una serie de conferencias, conseguí una muestra de agua muy interesante. Era un agua remineralizada que vende una empresa muy conocida. La palabra *remineralizada* significa que se eliminan los minerales que el agua contiene originalmente y luego se le agregan algunos minerales que son necesarios para los seres humanos.

Un gran número de minerales entran al agua durante el proceso de filtración en la tierra. Hasta el momento, los hemos apreciado y los hemos introducido en nuestro cuerpo. Lo interesante es que el producto popular que yo encontré estaba capitalizando el hecho de que estos minerales se hubieran eliminado.

En este caso, sería más exacto decir que esta era "agua destilada" y no "agua natural". En un viaje que hice a Canadá un año antes, no estuve consciente de esto. Pero en esta ocasión lo vi por todas partes. Recuerdo que cuando volé por Air Canada, esta agua también se sirvió durante el vuelo.

Ésta es la situación actual en lo relativo al "agua natural". Por supuesto, es fácil imaginar la calidad del agua de la llave, que se trata con cloro y otras sustancias químicas.

El nivel consciente de las personas produce cambios en el agua

Durante el periodo en que estuvimos tomando y fotografiando muestras de diferentes tipos de agua, sentí que la calidad de los cristales de agua no sólo dependía de que fuera agua natural o agua de la llave. Entonces, elaboré una hipótesis: "El agua muestra diferentes formas de cristales de hielo dependiendo de la información que ha recibido". Estaba seguro de que la diferencia en la formación de cristales de hielo no sólo se debía a la presencia o ausencia de cloro, sino a la demás información que la afectaba.

Para poner esto a prueba, llené de agua dos botellas de vidrio. En una botella pegué una etiqueta que decía: "Gracias", y en la otra pegué una etiqueta que decía "Eres tonta", y las pegué de tal manera que el agua pudiera "leerlas". El agua de las dos botellas era igual. (Ver la figura 1.4.) Luego congelé el agua de ambas botellas.

Los resultados apoyaron en gran medida mi teoría: el agua de la botella que decía "Gracias" formó hermosos cristales hexagonales, mientras que la que decía "Eres tonta" sólo tuvo fragmentos de cristales.

Si el agua absorbe información y sus cristales reflejan esas características, eso significa que la calidad del agua cambia con base en la información que recibe. En otras palabras, la información que damos al agua cambia su calidad.

Me encontraba más motivado que nunca a estudiar el agua, y al mismo tiempo empecé a pensar en la forma en que las personas podrían llegar a ser felices si tuvieran agua de buena calidad.

El agua entiende las palabras

Como este experimento me convenció de que mi teoría era correcta, empezamos entonces a darle al agua diferentes tipos de información, luego la congelábamos y fotografiábamos los cristales. Los resultados fueron muy interesantes.

Una y otra vez encontramos que el agua respondía a las palabras positivas formando cristales hermosos. Como si quisiera expresar su sensación de alegría, los cristales se abrían como una flor. Por el contrario, cuando al agua se le mostraban palabras negativas, no formaba cristales.

Por ejemplo, cuando le mostramos al agua la palabra "felicidad", formó cristales de formas equilibradas como diamantes finamente cortados. Por otra parte, el agua que fue expuesta a la palabra "infelicidad" produjo cristales rotos o carentes de equilibrio. Parecía como si el agua se hubiera esforzado mucho para formar cristales, pero acabó con su fuerza, fracasó y la felicidad se le escapó de las manos.

Continuamos mostrando al mismo tipo de agua pares de palabras opuestas: "bien hecho" y "no sirve", "agrado" y "desagrado", "poder" y "carente de poder", "ángel" y "demonio", paz y "guerra". El agua sólo formó cristales cuando se le mostraban palabras positivas.

Es interesante que el agua respondiera a palabras en otros idiomas de manera similar pero no exactamente igual a como respondía en japonés. El agua formaba cristales hermosos con todas las palabras que expresaran gratitud en cualquier parte del mundo, por ejemplo: *thank you* (inglés), *duoxie* (chino), *merci* (francés), *danke* (alemán), *grazie* (italiano) y *kamusamunida* (coreano). (Ver la figura 1.5.)

Al parecer el agua entiende correctamente la esencia de lo que se le muestra; en este caso, el sentimiento de gratitud, y creo que absorbe la información. El agua no reconocía la palabra que veía como un simple diseño; sino que entendía su significado. Cuando el agua percibía que la palabra llevaba buena información, formaba cristales. Tal vez el agua también es capaz de captar el sentimiento de la persona que escribió la palabra.

Conforme exponíamos al agua a gran cantidad de palabras y fotografiábamos los cristales que se formaban, mis ojos no podían dejar de ver una foto que era más hermosa que todas las demás fotos de cristales de agua que había visto. Quedé fascinado con su belleza.

El cristal se abrió con fuerza como una flor totalmente abierta. Era como si el agua extendiera sus manos para expresar plenamente su gozo. Las palabras que se le mostraron fueron "amor y gratitud".

Desde entonces, le hemos dicho al agua muchas palabras bondadosas, le hemos mostrado imágenes hermosas y hemos tocado para ella música con maravillosos poderes de sanación, pero nunca hemos podido volver a ver cristales de agua tan hermosos como los que se produjeron al mostrarle al agua las palabras "amor y gratitud". (Ver la figura 1.6.)

Seguramente, las palabras "amor y gratitud" son la mejor información que puede darse al agua.

Somos agua

En mi investigación, vi con claridad que el agua mejora o se deteriora reflejando la información que recibe. Esto me llevó a creer que a los seres humanos también nos afecta la información que recibimos, ya que 70 por ciento de un cuerpo adulto es agua.

En el momento de la concepción humana, un óvulo fertilizado es 90 por ciento agua. Al nacer, un bebé es 80 por ciento agua. A medida que el niño madura, el porcentaje se reduce, y se estabiliza más o menos en 70 por ciento cuando la persona llega a la edad adulta. En otras palabras, vivimos nuestra vida siendo ante todo agua. La esencia de un ser humano es el agua.

También podemos decir que nuestra vida empieza con agua y termina con agua. Un feto que se está desarrollando en el útero materno refleja el proceso evolutivo humano desde sus orígenes en el océano hasta la forma humana actual. Los componentes del líquido amniótico son similares a los del agua de mar. El feto espera el momento de nacer en el mar de la madre, respirando a través del cordón umbilical y la placenta.

El agua tiene también un papel muy importante en el momento de la muerte. En Japón tenemos la costumbre de dar agua a los moribundos. Humedecemos sus labios con algodón o con hojas de Shikimi. Esta práctica va acompañada de una oración para pedir que el moribundo recupere la vida. Esta costumbre se basa en la idea de que el agua es la fuente de nuestra vida.

Cuando fotografiamos el agua en nuestra investigación, los cristales no aparecen de inmediato después de que el agua se congela. En el microscopio podemos observar el proceso de formación de los cristales. Los cristales crecen poco a poco y terminan de formarse en uno o dos minutos, como flores que se abren. El tiempo total para que un cristal aparezca, crezca y desaparezca son dos minutos. Desde mi punto de vista, este proceso simboliza lo precioso de la vida. Un niño crece y llega a la edad adulta. Después de la madurez, finalmente se desvanece y desaparece. Es un hecho que el agua refleja la vida en sí.

Como la calidad del agua mejora o se deteriora dependiendo de la información que se le da, el corolario para los seres humanos, que están formados ante todo de agua, es que es bueno recibir información positiva. Cuando lo hacemos, nuestra mente y nuestro cuerpo pueden llegar a estar más saludables. Por el contrario, cuando recibimos información negativa, podemos enfermarnos.

En esencia, somos agua. Tomando agua de buena calidad, podemos tener la esperanza de conservar la salud. Sin embargo, el agua pura de buena calidad se ha vuelto un lujo. Durante el siglo que acaba de terminar se experimentaron muchas guerras debido al fuego, es decir, el petróleo. Algunas personas predicen que en este siglo se librarán batallas debido al agua. Durante el siglo XX, la era del fuego, mantuvimos el fuego ardiendo para producir cantidades enormes de energía. En 1900, la población de la Tierra era de 1 500 millones. Para el año 2000, esta cifra se había incrementado a 6 mil millones. Naturalmente, fue necesaria una cantidad enorme de energía para mantener la vida de esta creciente población. Por lo tanto, constantemente quemamos carbón y petróleo. Al paso del tiempo sus productos secundarios tóxicos contaminaron la atmósfera de la Tierra a lo largo del hemisferio norte. Del firmamento caía agua de lluvia contaminada y penetraba a niveles profundos del subsuelo.

El ciclo de circulación del agua tiene una duración de treinta a cincuenta años. Esto significa que el agua de lluvia que cayó hace treinta o cincuenta años se usa en la actualidad para beber como agua que se ha filtrado en la tierra. Como la producción industrial a nivel mundial se incrementó en gran medida después de la Segunda Guerra Mundial, la calidad del aire empezó a sufrir las graves consecuencias. Sesenta años después de la guerra, no tenemos otra opción: tenemos que usar agua contaminada durante cierto tiempo.

Es posible que pronto el agua de buena calidad llegue a escasear en el mundo, y tal vez será inevitable librar amargas batallas relacionadas con valiosos recursos acuáticos. Estas guerras podrían ser la chispa que encendiera una guerra mundial a gran escala. ¿Pero qué significaría obtener agua de buena calidad después de haber luchado para obtenerla? Aunque el agua estuviera libre de contaminación hasta cierto grado, contendría la información negativa de la lucha que se libró para conseguirla. En nuestros experimentos encontramos que el agua no podía formar cristales cuando se le mostraba la palabra "guerra".

Hay esperanza

Aunque el futuro que estoy describiendo aquí parece aterrador, ésta es una razón para tener esperanza. Si la calidad del agua de lluvia en Japón sirve como un indicador, el entorno tiene una capacidad enorme para sanarse cuando somos bondadosos con él y somos conscientes de los problemas relacionados con la contaminación. Según indican mis estudios, la calidad del agua de lluvia ciertamente ha mejorado si se le compara con la de hace unos cuantos años. Aunque el agua que brota de la tierra se está deteriorando, el agua de lluvia está mejorando.

Hace algunos años tomamos muestras de agua de lluvia en varias ciudades japonesas y fotografiamos sus cristales. Pocos años después, repetimos el procedimiento y comparamos los resultados. La primera vez, no pudimos tomar fotos hermosas del agua de lluvia de ninguna de estas ciudades: Biei en la tranquila zona rural de Hokkaido, Sendai, Tokorozawa de la prefectura de Saitama, Asakusabashi, en Tokio, Osaka y Fukuoka. Con algo de esfuerzo, yo diría que el agua de lluvia de Osaka produjo una forma cercana a un cristal.

Biei se localiza en una hermosa región rural, pero la calidad del agua de lluvia de esa zona no fue buena. Esto fue comprensible, ya que aunque el paisaje sea hermoso, la capa de ozono en el cielo de Hokkaido estaba en malas condiciones y la lluvia ácida dañó mucho a esta región.

Sin embargo, cuando tomamos las muestras de agua de lluvia años más tarde, el agua de lluvia de todas estas ciudades, excepto Asakusabashi, en Tokio, mostró cristales. Especialmente me sorprendió ver las diferencias entre las fotos de agua de lluvia de Tokorozawa; antes había mostrado formas grotescas, pero la foto reciente mostraba un cristal hexagonal muy claro.

Aunque la muestra de agua de lluvia que se tomó en Tokio no formó un cristal completo, estaba en el proceso de formarse. Desafortunadamente, parecía como si el cansancio impidiera que el agua terminara su proceso de cristalización. Pero se estaba esforzando. (Ver la figura 1.7.)

En otras palabras, la calidad del agua de lluvia a lo largo de Japón ha mejorado significativamente en años recientes. No es sorprendente, pues la gente ha empezado a hablar de los problemas relacionados con el entorno y se están haciendo esfuerzos sin precedente para mejorar condiciones. Como resultado, el aire ha mejorado en gran medida en los últimos años. En el pasado, el agua de lluvia se contaminaba cuando caía a través del aire contaminado. Últimamente, el aire se ha limpiado; por lo tanto, el agua de lluvia puede llegar a la tierra sin contaminarse. Esto es, de hecho, un signo alentador que recibimos con gusto.

Como el ciclo del agua dura de treinta a cincuenta años, pasará tiempo para que el agua de lluvia que en la actualidad está mejorando, esté disponible para beberse. Debemos estar preparados para ver que el agua filtrada en la tierra se deteriora durante varias décadas antes de que empiece a mejorar. No obstante, este ejemplo nos da una razón para abordar con seriedad los problemas ambientales, por el bien de la Tierra y de nuestros descendientes.

Recordemos que el agua que se expuso a las palabras "amor y gratitud" creó cristales hermosos. El agua nos ofrece un medio maravilloso para vivir bien nuestra vida y conservar sanos el cuerpo y la mente. Con los cristales de agua como eje, continuaremos nuestro viaje para comprender el verdadero poder del agua.

CAPÍTULO DOS

Conocer el agua cambiará tu mente y tu cuerpo

El agua y el *hado*

El agua es sensible a una forma sutil de energía conocida como *hado*. Esta forma de energía es lo que afecta la calidad del agua y la forma que toman los cristales de agua. En mi libro anterior, *El mensaje oculto del agua,* la palabra *hado* se tradujo como "fluctuación de ondas". En este libro uso *hado* para referirme a la energía sutil que existe en el universo.

Todas las cosas que existen tienen vibraciones, o hado. Esta energía a menudo es positiva o negativa, y se transmite con facilidad a otras cosas existentes. El pensamiento "eres un tonto" lleva su propio hado. El agua lo absorbe y lo muestra como cristales deformados que se forman cuando se le congela. Por otra parte, cuando se expone el agua a pensamientos positivos, se forman cristales hermosos que reflejan el hado positivo. Como podemos ver, el hado está entretejido en las implicaciones de la respuesta del agua a la información.

Para ilustrar mejor el concepto del hado, utilizaré el ejemplo del diapasón. Tal vez cuando estabas en la primaria hiciste el experimento de golpear un diapasón con un martillo de goma y te preguntaste cómo funcionaba esto. Éste es un breve repaso. Digamos que tenemos tres diapasones. El 1 y el 2 tienen una frecuencia de 440 hertz, y el 3 tiene una frecuencia de 442 hertz. En otras palabras, los diapasones 1 y 2 están diseñados para vibrar 440 veces por segundo, mientras que el diapasón 3 vibra 442 veces por segundo.

Si golpeas el diapasón 1 con el martillo de goma, el diapasón 2, que tiene la misma frecuencia, de inmediato producirá un sonido, pero no el diapasón 3. El diapasón 2 resuena con la vibración del diapasón 1, pero no el diapasón 3. (Ver la figura 2.1.)

Además, los diapasones 1 y 2 tienen la frecuencia de 440 hertz, lo que significa que el sonido que producen es "la" en do mayor, o el "la" que viene después de do mayor. Si produces los sonidos, do, re, mi, fa, sol y si, los diapasones 1 y 2 no resonarán; sólo vibran precisamente en el sonido de "la".

Esta explicación debería darte la idea de que el hado es energía. Cuando dos cosas tienen la misma frecuencia, resuenan entre sí. Entonces es fácil comprender que como seres humanos podemos producir libremente nuestro propio hado, y luego otras cosas que tengan un hado similar pueden resonar con nosotros. Por otra parte, también podemos resonar con el hado que viene de otros ítems.

Cada ítem tiene su vibración intrínseca. Aquí la palabra *ítem* significa todo, desde las moléculas que forman la materia hasta los átomos que forman las moléculas y las partículas subatómicas que forman los átomos. En otras palabras, cada partícula subatómica tiene una vibración intrínseca.

Esto afecta a nuestra mente y a nuestro cuerpo dependiendo de la vibración intrínseca con la cual resonemos. En las relaciones humanas a menudo decimos que estamos o no estamos en la misma longitud de onda que otra persona. Esto también se relaciona con la vibración y la resonancia.

En el área del trabajo podrías enfrentarte a una situación de este tipo: un empleado piensa: "Sé que mi jefe es una buena persona, pero no estamos en la misma longitud de onda. Se me dificulta tratar con él". Al mismo tiempo, el jefe podría estar sintiendo: "Este muchacho trabaja mucho, pero no me gusta lo que hace".

Es obvio que el jefe y el empleado están en longitudes de onda diferentes. No importa cuánto se esfuercen por trabajar juntos, sus esfuerzos serán inútiles. Sin embargo, si dirigen sus esfuerzos a armonizar con el hado de la otra persona pensando desde su perspectiva, podrán llegar a comprenderse.

Un ejemplo típico del hado en el trabajo, en el área de relaciones humanas, es el de un hombre y una mujer que se conocen y se enamoran. Cuando se conocen, sus hados coinciden y ocurre una resonancia. Mientras sus hados no se vean afectados por factores externos (por ejemplo, un romance), su relación durará mucho. Por otra parte, si el hado de una persona se perturba, su manera de hablar, su comportamiento, sus hábitos, y demás, que antes eran aceptables, podrían de pronto llegar a ser intolerables para la otra persona, y su relación podría terminar.

Ésa es la razón por la cual el hado nos afecta al nivel de las partículas subatómicas.

Medicina del hado

Hace tiempo me mostraron un tipo de aparato electrónico que puede medir diversas vibraciones corporales a nivel celular. Desarrollé gran afinidad hacia este aparato* y pude llegar a usarlo superando su diseño original, es decir, lo usé para medir el hado. Mi experiencia con el aparado de hado me llevó a comprender la capacidad del agua para recibir información. También me guió hacia el estudio de la medicina del hado, una práctica de medicina alternativa que los investigadores empezaron

* Nótese por favor que este aparato de hado se desarrolló originalmente en Estados Unidos, pero no sé si todavía se sigue fabricando allá. En Japón todavía tenemos en uso varias docenas de aparatos que yo importé. Varios de ellos están en manos de personas que yo entrené y certifiqué personalmente. Éste no es un aparato genérico que cualquier persona pueda usar. En la actualidad estoy inscribiendo estudiantes. Por lo tanto, pido a mis lectores que comprendan que no estamos aceptando preguntas sobre este aparato.

a estudiar después de percibir las limitaciones de la medicina occidental convencional.

Aunque tener el aparato me ayudó a estudiar la medicina del hado, llegué a creer que los seres humanos son capaces de sentir y transmitir el hado de la misma manera en que el aparato puede medirlo, si no es que mejor. Por ejemplo, se considera que los sanadores y consejeros que pueden ayudar a sus pacientes tienen la capacidad de mandar buenas vibraciones para corregir los patrones de vibración anormales de sus pacientes.

Los principios fundamentales de la medicina del hado son la vibración y la resonancia. Cuando las vibraciones celulares de diferentes partes del cuerpo se perturban debido a varias razones, el cuerpo puede empeorar. Cuando se presenta esta situación, puede proporcionarse a la célula perturbada una nueva vibración externa para que tenga resonancia con ella; así se restaura su vibración intrínseca. En pocas palabras, ésa es la medicina del hado. ¿Cómo puede corregirse la vibración?

Un hado es una onda; tiene la forma de una onda con crestas y valles. Cuando se usa la forma de una onda que se opone a la original (sus crestas son valles en la otra onda y viceversa), la onda puede corregirse. (Ver la figura 2.2.) Al colocar una onda sobre otra de esta manera, sus características pueden cancelarse.

Ilustraré esto con una onda de sonido, un ejemplo de una clase de hado que es fácil entender. Una onda de sonido tiene también crestas y valles. Cuando se usa la onda de sonido que tiene la forma opuesta, la onda de sonido original se cancela y desaparece el sonido.

Tal vez pienses que eso no puede ser cierto. Pero en la actualidad hay científicos que están estudiando la forma de crear un entorno silencioso utilizando este atributo.

El 10 de abril de 1991, el periódico vespertino *Yomiuri* publicó un artículo interesante titulado: "El uso de un sonido silencia a un ruido; al usar la onda opuesta se cancela el ruido". Informaba sobre los resultados que se produjeron en una investigación relacionada con poner en práctica los principios del hado. El artículo dice lo siguiente:

> En un experimento, el Dr. Yoshio Yamasaki, del Laboratorio de Ciencia e Ingeniería de la Universidad Waseda, logró crear un espacio silencioso, carente de sonido, en una habitación llena de música. Éste es un nuevo método de producir silencio utilizando un sonido cancelador que contrarresta el ruido. Se espera que sea útil en bares de karaoke y en oficinas. Tal vez sea posible crear un espacio silencioso cerca de un teléfono en una oficina.
>
> Cada sonido, ya sea música o la voz humana, tiene una onda intrínseca. El principio básico de este nuevo método de producir silencio es examinar la forma de las crestas y valles de la onda de un sonido que se desee silenciar y producir

un sonido que produzca una onda de forma opuesta.

El experimento se llevó a cabo en una habitación de siete tatamis (126 pies cuadrados). Se analizó la forma de la onda de música proveniente de un altavoz y se creó la onda opuesta en otros dos altavoces para estudiar el efecto de producir silencio.

El resultado fue que el sonido desapareció por completo en el punto al cual se dirigieron las ondas opuestas. A una distancia de varios centímetros, también se eliminaron los componentes principales de las voces masculinas y los sonidos musicales, menores a varios cientos de hertz. Al incrementar el número de altavoces productores de silencio, se espera poder expandir el área sin sonido.

Estos resultados se presentaron en el Simposio Internacional de Control Activo del Sonido y la Vibración, que empezó el 9 de abril de 1991 en Tokio. El Dr. Yamasaki comentó: "Éste es un método que usa sonidos para silenciar sonidos. Cuando haces una llamada telefónica, es suficiente producir silencio sólo en un área limitada. Creo que este método puede aplicarse a muchas situaciones".

Según entiendo, este método también se ha utilizado para eliminar el ruido de los motores de coche y para reducir el ruido de trenes y fábricas.

Este principio de cancelar las características de la onda original sobreponiendo una forma opuesta de onda no se limita a las ondas de sonido. Puede aplicarse al hado en general. La medicina del hado utiliza este concepto para restaurar la salud del paciente produciendo el hado que puede cancelar su hado desfavorable. El agua es un componente principal en esto, como se verá.

Mediante mis conferencias y escritos, promuevo activamente el concepto del hado. Sin embargo, como en la actualidad estoy muy ocupado escribiendo y dando conferencias, no he dedicado tiempo a realizar pruebas sobre el hado. No me he involucrado personalmente en medir el hado de las personas utilizando el instrumento para hacerlo y así ayudarles a recuperar la salud. (En la actualidad hay veinte médicos, que fueron mis estudiantes, quienes proporcionan este tipo de servicios en Japón.)

Para ayudar a una persona a tratarse con medicina del hado, examinamos el hado del individuo utilizando el aparato de medición de hado. Una vez que se comprenden los trastornos de vibración que tiene la persona, preparamos agua a la que se ha transferido, mediante el aparato de medición de hado, la información necesaria para corregir esa vibración. El agua de hado que se crea en esta forma penetra en las moléculas, los átomos y las partículas subatómicas que forman el cuerpo de la persona y detiene los disturbios de esta vibración. Al tomar esta agua de hado, el individuo podría corregir la vibración con disturbios. Yo he usado este instrumento para medir el hado de miles de personas.

La verdad que hay en la frase: "La preocupación es a menudo la causa de la enfermedad"

A través de mis estudios he notado muchas características que comparten las personas enfermas y he descubierto la correlación cercana entre las emociones de las personas y las partes del cuerpo afectadas.

En 1995 realicé exámenes de hado en cien personas. Medí su hado en lo que concierne a las emociones más comunes que comparten las personas (treinta y seis rasgos incluyendo, estrés, preocupación, presión, irritabilidad, perplejidad y miedo excesivo) y luego verifiqué qué parte del cuerpo tenía mayor resonancia con cada emoción. El cuadro 1, que aparece en la página 30, muestra los resultados.

Por ejemplo, quienes experimentan estrés tienden a tener problemas intestinales. Las preocupaciones a menudo se expresan como problemas en los nervios cervicales; la irritabilidad en la región parasimpática del sistema nervioso autónomo; el miedo excesivo en los riñones, y la ansiedad en el estómago.

Tal vez quisieras pensar en tus emociones actuales y en tu condición física. ¿Confirman estos descubrimientos? Es cierto que "La preocupación es a menudo la causa de la enfermedad". Cuando mejoran tus condiciones emocionales, tu enfermedad a menudo va en vías de recuperación.

Cuadro 1. Relaciones entre las emociones y las partes del cuerpo, de acuerdo al hado.

	Órganos principales que tienen resonancia con las emociones de una enfermedad	Hado de la enfermedad	Emociones que lo cancelan
Estrés	Intestinos	Indigestión	Relajamiento
Preocupación	Nervios cervicales	Hombros tensos	Tranquilidad
Irritabilidad	Nervios parasimpáticos	Insomnio	Calma
Perplejidad	Nervios autónomos	Dolor en la parte baja de la espalda	Consideración
Miedo excesivo	Riñones	Enfermedades renales	Paz mental
Ansiedad	Estómago	Dispepsia	Alivio
Enojo	Hígado	Hepatitis	Compasión
Apatía	Columna vertebral	Vitalidad debilitada	Pasión
Impaciencia	Páncreas	Diabetes	Tolerancia
Soledad	Hipocampo cerebral	Demencia senil	Placer
Tristeza	Sangre	Leucemia	Alegría
Envidia	Piel	Úlceras en la piel	Gratitud

En el campo de la medicina, a menudo se habla del "efecto placebo". Para comprobar la eficacia de un nuevo medicamento, las empresas farmacéuticas trabajan con los médicos para llevar a cabo estudios clínicos. Un método convencional es tener dos grupos de pacientes. A los pacientes de uno de los grupos se les administra el medicamento nuevo. A los del otro grupo se les dice que están tomando el nuevo medicamento, pero en realidad se les está administrando un placebo (una sustancia que no es una droga, a menudo simplemente es una vitamina).

Es comprensible que las personas que están tomando el medicamento real mejoren debido a su efecto, pero muchas personas en el grupo que recibe el placebo también mejoran. Por supuesto, en el grupo del placebo el grado de mejoría es a menudo menor que en el grupo al que se administra el medicamento. Sin embargo, la ciencia médica moderna no puede explicar con precisión cómo es que las personas mejoran tomando sólo cápsulas de placebo.

Es indudable que cuando tenemos una actitud de pensamiento positivo nuestra salud a menudo mejora.

Trata de decir un antónimo de la emoción desfavorable que estás sintiendo. Si sientes "estrés", el antónimo es "relajamiento", y el antónimo de "irritabilidad" es "calma". La solución más básica para corregir tu hado es usar la palabra opuesta. Llevando más lejos este enfoque, escribe los antónimos en una hoja y muéstraselos al agua. La información se le da al agua; en otras palabras, el hado del rasgo positivo se transmite al agua. Luego, cuando la bebas en realidad estas practicando medicina del hado.

Como preparación para escribir este libro, llevé a cabo un experimento en el que escribí a máquina palabras que describían diversas emociones y pegué estas etiquetas en botellas de agua. Después congelamos el agua y fotografiamos los cristales de hielo. Primero le mostramos al agua palabras que describían emociones negativas como "estrés", y tomamos fotos. Luego quitamos esas etiquetas y las reemplazamos con sus antónimos. Los resultados se muestran en la figura 2.3. Sentí que esto fue un ejemplo perfecto de "ver para creer".

La enfermedad también tiene hado

A partir de mi experiencia he llegado a varias conclusiones en lo que concierne a la enfermedad y el hado.

Un cuerpo humano tiene muchos órganos, que están hechos de células. Las células están hechas de moléculas, las moléculas están hechas de átomos y los átomos de partículas subatómicas.

Estas partículas subatómicas tienen su hado intrínseco. Cuando sus vibraciones son normales, no es probable que se presenten problemas. No obstante, si sucediera algo que causara disturbios en las vibraciones a nivel subatómico, el resultado sería una situación anormal. Al paso del tiempo, el número de partículas subatómicas con vibraciones anormales podría aumentar, y esto a su vez tendría como resultado un disturbio en las vibraciones intrínsecas a nivel atómico.

Si aumenta el número de átomos con vibraciones intrínsecas con disturbios, eso provocará un disturbio en las vibraciones intrínsecas de las moléculas relacionadas con ellos. Uno o dos años más tarde, las vibraciones de las células podrían empezar a afectarse. En este punto, podríamos experimentar algunos síntomas. Nuestro cuerpo nos revela la existencia de situaciones anormales mediante el dolor, el cansancio y la fiebre leve. Muchos de nosotros podríamos ir a ver al médico cuando se presenta esta etapa.

En esencia, nuestro cuerpo tiene capacidades naturales para sanarse. Digamos que pescas un resfriado y te sientes mal. Podrías mejorar si guardas cama por un día.

Quizá seas más o menos optimista y sepas aprovechar tus capacidades naturales para sanar.

Algunas personas dicen que mejoran por el solo hecho de hablar con el médico. El "efecto placebo" podría estar funcionando cuando un médico en quien el paciente confía le dice: "Es sólo un resfriado, así que debes tomar un buen descanso. No te preocupes, pronto te sentirás mejor". Al escuchar estas palabras, la ansiedad y el miedo desaparecen por completo. Estas palabras despiertan su poder nato para sanarse a sí mismo.

Hay otras personas que sienten que deben ir a ver al médico cuando tienen un resfriado. Estas personas no mejoran con solo descansar, pues tienden a sentir ansiedad y miedo incluso cuando se sienten ligeramente mal. En esta situación, es posible que no se cure una enfermedad que normalmente se curaría mediante el poder de autocuración.

¿Qué pasa si no haces nada para corregir los disturbios a nivel celular? ¿Qué pasará dentro de uno o dos años cuando los disturbios en las vibraciones celulares afecten en forma negativa la vibración intrínseca de los órganos? Aunque parezca aterrador, esto puede manifestarse como una enfermedad crónica. Es posible que hayan pasado diez años desde que empezaron los disturbios a nivel de partículas subatómicas. Creo que cada enfermedad de los órganos internos tiene un historial de desarrollo.

Cuando la anormalidad de la vibración es enorme, no es fácil corregirla. Por lo tanto, si estamos conscientes de los disturbios en las vibraciones en sus primeras etapas y antes de que lleguen a un nivel de gravedad, es más fácil impedir las enfermedades llevando a cabo acciones para corregir la situación, como cambiar de estado de ánimo. Como dice el dicho: "La preocupación es a menudo la causa de las enfermedades".

Cuando se trata de corregir los daños en las vibraciones que acompañan a las enfermedades, la medicina convencional de occidente tiene su lugar. Después de muchos años de experimentación, se ha confirmado la eficacia clínica de los medicamentos y la seguridad respecto a su uso. No tengo la intención de negar la eficacia de estos medicamentos. Los médicos prescriben el medicamento que consideran mejor basándose en su eficacia en el pasado. Cuando confiamos en ellos y tomamos los medicamentos, nuestra salud por lo general mejora.

Sin embargo, desde la perspectiva de los principios del hado, es importante corregir el disturbio de la vibración intrínseca en su *fuente,* el nivel de las partículas subatómicas. El agua tiene la forma adecuada para llevar diversos tipos de información. Puede entrar en cualquier lugar y entregar la información. Por tanto, el agua de hado es capaz de llevar hado al interior de las minúsculas partículas subatómicas, mientras que los medicamentos que se usan en la medicina occidental sólo llegan al nivel celular que causa los síntomas. Ésta es la limitación de la medicina occidental.

En cierta medida, los medicamentos que se usan en la medicina occidental pueden llegar más allá del nivel molecular. Están diseñadas para mitigar los síntomas del paciente y, en este sentido, son muy útiles. La sensación de alivio que tiene el paciente al tomar medicamentos puede estimular su capacidad de autosanarse, y por consiguiente, contribuir a corregir el disturbio en las vibraciones al nivel de las partículas subatómicas. Sin embargo, los medicamentos en sí no afectan directamente a las partículas subatómicas.

Me pregunto cuántos médicos entienden la forma en que los medicamentos funcionan en relación con la vibración. Consideremos, por ejemplo, el uso de la aspirina para el dolor de cabeza. Desde el punto de vista de la vibración, el dolor tiene su propia forma de onda. Para corregirla, necesitamos enviar una onda que cancele el dolor. Como los componentes de ciertas sustancias químicas y productos herbales tienen una onda que puede cancelar la onda de los síntomas, el dolor desaparece.

Cuando sufres dolores de cabeza, el hado de la aspirina podría cancelar el hado anormal (muchas crestas y valles de la onda). Por tanto, el dolor de cabeza desaparece. Al emparejar los valles y las crestas con las crestas y los valles, la suma de aspectos positivos y negativos resulta ser cero.

Se dice que un cuerpo humano consta de 60 trillones de células. Cuando estas células cumplen su misión en armonía, podemos tener una vida sana. No sólo estas células, sino también las moléculas, los átomos y las partículas subatómicas tienen su propia vibración intrínseca. Cuando todas las vibraciones van bien, nuestro cuerpo, estando compuesto de ellas, puede funcionar con la bella armonía de una gran orquesta. Si ocurre un disturbio en una vibración, se crea una disonancia y no podemos tener la esperanza de producir una melodía hermosa. Por esta razón, el tratamiento al nivel de las partículas subatómicas es deseable.

Las lesiones también son funciones del hado

Además de las enfermedades que afectan a los órganos, nos encontramos con dificultad de las lesiones. Mientras que las enfermedades son problemas internos, las lesiones son externas. La diferencia podría parecer grande; sin embargo, desde el punto de vista del hado, no existe una diferencia fundamental entre ellas. La causa de ambas es la desviación de la vibración intrínseca.

¿Qué es una lesión? En lo que concierne a los principios del hado, es el disturbio de la vibración intrínseca de un individuo debido a una vibración anormal por parte de una fuerza externa. Por ejemplo, puede ocurrir un cambio rápido de vibración en las células de la piel y de los huesos debido a una colisión. Estas células no pueden soportar la carga del cambio, y el resultado podría ser una inflamación o una rotura. Las células que no pudieron soportar el cambio podrían morir.

Considero que el calor (la temperatura) es un indicador de la frecuencia de la vibración. El impacto físico de una colisión, de una caída, de desplomarse puede ser demasiado fuerte para un cuerpo que mantiene una vibración constante. El momento en que una vibración anormal toca al cuerpo, un punto específico en él podría recibir eso como un estímulo.

Por eso, a menudo sentimos calor cuando nos lastimamos. La razón de que sintamos el impacto como calor es la perturbación de la vibración. Podemos llevar vidas cómodas duraderas cuando el entorno de nuestro cuerpo se mantiene constante alrededor de la vibración y la temperatura de 36.5 grados centígrados.

La vibración y la vida se relacionan de muchas maneras distintas. Se declara que una persona está muerta cuando el corazón deja de latir. En otras palabras, la vibración es la vida en sí. No es una coincidencia que el carácter kanji para la *vida* incluya el aspecto que significa *golpear*.

En el siguiente capítulo explicaré en más detalle la medición del hado, y también compartiré con mis lectores relatos que ilustran cómo el hecho de corregir las perturbaciones de las vibraciones en el campo de la salud puede llevar a recuperaciones extraordinarias.

CAPÍTULO TRES

El agua revive la fuerza de la vida

Cómo reunir información sobre la enfermedad Con el aparato para medir el hado, podemos medir el hado de una persona que se está sintiendo mal y mandarle el hado que regule cualquier vibración anormal. Cuando se recupera la vibración de una persona, ella puede restaurar su salud. Para poner en acción este principio, aprendí a manejar este aparato para verificar en él información sobre el hado de muchas personas.

Un día me visitó un conocido. Dijo: "Éste es un cabello de la hija de mi amigo. ¿Podrías analizarlo?". Me entregó el cabello sin decirme nada sobre la salud de la hija de su amigo. Tal vez quería ponerme a prueba.

Mientras él esperaba, examiné el cabello con el aparato. Una hora más tarde, le informé lo que había encontrado:

- El valor de resonancia de la totalidad del cerebro es muy baja.
- Se observó un valor anormal de resonancia en todo el cuerpo.
- Se observaron en todo el cuerpo toxinas de plomo, que se considera son la causa de estas condiciones.

Después de escuchar lo que yo tenía que decir, él me reveló la información sobre la hija de su amigo. Había estado asistiendo al departamento psiquiátrico de un hospital universitario durante los últimos diez años. La habían hospitalizado en repetidas ocasiones y la habían dado de alta. Muchas veces la habían sometido a exámenes meticulosos, pero no habían sido capaces de identificar la causa de su mal.

Como la causa era desconocida, no era posible mejorar su salud. Su padre, desesperado, pensó en recurrir a la medicina alternativa, y le pidió a su amigo, que era conocido mío y que le había hablado de la medicina del hado que yo manejo, que me consultara.

El padre estaba muy preocupado por la deteriorada salud de su hija. Aunque le solicitó a su amigo que me llevara ese cabello, al parecer no creía que el aparato pudiera hacer mucho por su hija.

Al día siguiente recibí una llamada telefónica de mi conocido, quien me dijo emocionado que el padre de la chica se había quedado asombrado al escuchar el informe sobre la toxina de plomo en el cerebro. Dijo: "Ahora que lo pienso, todavía usamos tubería de plomo en el sistema de distribución de agua en nuestra casa".

El padre de la chica, que antes se había mostrado escéptico, trajo a su hija y a su esposa a mi oficina al día siguiente. También trajo agua de la llave de su casa. La hija no tenía el aspecto de una persona con problemas mentales. Se veía muy limpia y pulcra. Normalmente estaba bien, pero de vez en cuando tenía alucinaciones.

Examiné a la hija y a sus padres con el aparato para medir el hado. El resultado fue muy similar al que se había obtenido con su cabello; se encontró una alta toxicidad de plomo en su cuerpo. El indicador mostraba 12/21. El aparato de hado da las lecturas como fracciones con el denominador de 21. La proporción se expresa como el numerador. Por lo tanto, 12/21 significa que la proporción es más de la mitad. Ésta es una cifra muy alta. Sus padres mostraron una proporción de 9/21.

El problema era el agua de la llave. Mi análisis reveló una cifra muy alta: 19/21, una reacción muy fuerte de toxicidad de plomo.

Tomando en cuenta estos hallazgos, le dije a la angustiada familia: "La causa de su padecimiento no parece ser un problema mental. Sospecho que se debe a la acumulación de plomo en su cerebro". Nunca olvidaré la expresión de la familia cuando me escucharon decir esto. Se veían totalmente aliviados. Era comprensible, ya que finalmente habían descubierto que la causa de ese padecimiento por el que ella había sufrido durante tanto tiempo no eran problemas psiquiátricos. Ahora conocían la causa.

Los padres decidieron reemplazar de inmediato la tubería de plomo. También me preguntaron si podía ayudarles a eliminar la toxina de plomo del cerebro de la chica utilizando el aparato de hado. Respondí: "Yo no puedo involucrarme en tratamientos médicos. Sin embargo, puedo ayudarles a cancelar el hado de la toxicidad de plomo, que fue la causa del padecimiento. En lo que concierne a la estructura molecular, simplemente es agua; sin embargo, puedo hacer que el agua lleve la vibración necesaria".

Los padres y su hija aceptaron mi explicación, así que hice el agua de hado que podría cancelar la toxicidad de plomo. La hija bebió esta agua durante dos meses con toda formalidad. El resultado fue que el nivel de toxicidad de plomo bajó de 12/21 a 2/21.

Posiblemente como una reacción al rápido descenso en la toxicidad de plomo, la chica no pudo dormir durante cuatro o cinco noches. Sin embargo, su salud mejoró, como lo confirmó su médico del hospital universitario.

Este episodio tiene una secuela. Aunque me dio gusto poder ayudar a la hija, este incidente hizo que me diera cuenta del poder y el peligro del agua.

Después de la consulta con los padres, pedimos a una organización pública que analizara en detalle la calidad del agua de la llave tomada de su sistema cuando todavía tenían tubería de plomo. Diez días más tarde, recibimos los resultados. En cierta medida, yo los había anticipado; el informe mostró una atemorizante realidad. El agua de la llave de esta casa se clasificó como "aceptable", incluso en lo que concierne a la cantidad de plomo.

Aunque el plomo no se detectó a nivel molecular, creo que estaba presente a nivel subatómico. Interpreté este caso como una limitación en el análisis del agua que lleva a cabo actualmente esta oficina pública.

Es posible que el agua no haya absorbido la toxicidad de plomo directamente; sin embargo, debió absorber su hado, que es dañino para nosotros. El agua tomó la información de la toxina de plomo. Como la hija siguió bebiendo agua con información tóxica, la vibración de su cuerpo se perturbó. Como resultado, padeció problemas mentales de origen desconocido.

Como mencioné antes, el agua lleva información. La información puede ser positiva o negativa. Como somos agua, nuestro cuerpo seguramente responde a la información que lleva el agua que bebemos. Cuando recibimos información positiva del agua, somos más saludables. Cuando tenemos información negativa, nos enfermamos.

Los nombres y las imágenes de las personas llevan información sobre sus enfermedades

Dependiendo de la información de las palabras que le mostramos al agua, ésta puede o no puede formar cristales. Lo comprobé fotografiando cristales de agua. Para confirmar mi hipótesis de que el agua cambia de acuerdo con la información que se le da, continué fotografiando cristales de agua.

El sentido común nos dice que es dudoso que el agua vea la información y se cambie de acuerdo con ella. Por otra parte, como trabajé en gran cantidad de experimentos utilizando el aparato del hado, a menudo encontré situaciones que no podrían haberse explicado sin esta hipótesis. Daré un ejemplo.

Poco después de que empezara yo a ayudar a las personas a restablecer su salud mediante la medicina del hado, me visitó un hombre. A la hija de un amigo suyo, una joven de veintidós años de edad, se le había diagnosticado un tumor de cáncer linfático. El padre del amigo había muerto de la misma enfermedad hacía varios años. Además, su abuelo también había muerto de la misma enfermedad. Ambos eran médicos. Este hombre vino a verme porque tenía el ávido deseo de ayudar a la hija de su amigo de alguna manera.

La joven era estudiante de medicina. Se sometió a cirugía en el hospital universitario donde estudiaba, y todavía estaba en el hospital recibiendo tratamiento de quimioterapia. Esto me puso en una situación difícil. Yo había estado usando el aparato de medición del hado para reunir información de personas que tenían vibraciones perturbadas y había estado preparando agua de hado para corregir las vibraciones de su cuerpo. ¿Pero cómo podría yo conseguir información de una persona que estaba en el hospital? Me era imposible llevar el aparato al cuarto de hospital. Me resultaba difícil creer que los médicos de un hospital universitario equipado con los avances más recientes de la ciencia reconocerían la medicina alternativa del hado como algo viable. Aunque llevara yo el aparato al hospital, me echarían si me descubrieran. Le hablé a este hombre de mi dilema.

Regresó a mi oficina, en esta ocasión con la madre de la paciente. Ambos me pidieron que midiera el hado de la joven. Su perseverancia me conmovió, y sentí que de alguna manera tenía que medir su hado y prepararle agua de hado. De pronto se me ocurrió una idea.

"¿Podría usted por favor tomarle una foto a su hija y traérmela?" Pregunté. Siguiendo las instrucciones que se le dieron, la madre tomó la fotografía y me la trajo. Pude medir su hado poniendo la foto en la máquina de hado.

Su foto indicaba una fuerte ansiedad. Como mencioné en el capítulo anterior, la ansiedad a menudo se manifiesta en problemas estomacales. La madre comentó que últimamente su hija había estado padeciendo severas nauseas y no podía comer. Esta respuesta me dio ánimos. Sentí confianza en que podría reunir información sobre la enfermedad de la joven, aunque ella no pudiera venir a mi oficina.

De inmediato preparé el agua de hado para corregir el hado de la joven. Su madre traía una foto de ella cada vez que venía a verme, y yo continué preparándole agua de hado.

En el caso de esta joven, había muchos disturbios en todo su cuerpo debido a los efectos secundarios de la quimioterapia. Ella tomaba el agua de hado que cancelaría el hado desfavorable, y su quimioterapia continuó sin problemas. Después de varias sesiones de quimioterapia fue dada de alta del hospital. Regresó a la universidad. Supe que ahora ejerce como doctora en medicina.

A través de muchas experiencias similares, llegué a convencerme de que el agua debe captar la información que hay en fotografías y cartas, y que cambia su calidad de acuerdo a esa información.

La maravilla de las fotografías de cristales de agua es que obviamente apoyan mi hipótesis. De hecho, también tenía yo la hipótesis de que los nombres de las personas contienen información que el agua puede captar. Para comprobar esta hipótesis, en una ocasión llevé a cabo un experimento en el que se escribieron varios nombres, por ejemplo el de la madre Teresa y el de Adolfo Hitler, y se pegaron en botellas de agua; después se fotografiaron sus cristales. Los resultados fueron como yo esperaba. Las fotografías que tomamos reflejaban las emociones relacionadas con la persona que llevaba ese nombre. En otras palabras, los hombres también tienen hado. Hasta incluí estas fotos en mis libros de fotografía en el pasado. Sin embargo, últimamente he evitado tomar ese tipo de fotos, pues aunque una persona tenga el mismo nombre que un criminal, eso no significa que también sea un criminal. Así que ya no fotografiamos ni publicamos fotografías de cristales relacionados con el nombre de las personas.

Consulta de hado para una joven con leucemia aguda

El 24 de febrero de 1996 se me pidió que trabajara con una chica de catorce años que recientemente había presentado síntomas de leucemia. Tal vez sea un poco largo, pero me gustaría mostrar el proceso de su recuperación basándome en su historial médico. Mi intención es presentar el verdadero poder del hado para que los lectores lo comprendan más profundamente.

Recurrió a mí por recomendación del señor Noboru Suzuki, un practicante de medicina alternativa, de manera específica, sanación mediante la imposición de manos. Desafortunadamente él ya falleció, pero era muy famoso en su campo. El señor Suzuki vivía en Hokkaido, y nos reunimos en varias ocasiones. Llegamos a ser buenos amigos y a menudo compartíamos datos e información.

Un día, el señor Suzuki se puso en contacto conmigo y dijo: "Actualmente estoy viendo a una chica que tiene leucemia, pero su caso rebasa mis posibilidades. ¿Podrías ayudarla por favor?"

Yo no sabía en qué medida podría ayudarla, pero no podía rechazar la solicitud del señor Suzuki. Como ella vivía en Tokio, era conveniente para ella venir a mi oficina. Así que conocía a sus padres que trajeron consigo la foto de su hija.

Según me dijeron, su hija todavía no estaba hospitalizada. En ocasiones gemía como si estuviera poseída. No estaban seguros si sería benéfico para ella estar hospitalizada. Le habían tomado la foto en su casa. Utilizando esta foto, yo medí su hado.

Primero medí su información genética. Regresaré a esto más tarde con más detalle, pero hay muchos casos en que la información genética que heredaron de sus ancestros causa anormalidades en las vibraciones de la persona. Por lo tanto, sentí que era necesario verificar su información genética.

Este examen reveló un intenso temor al cáncer. Esta emoción estaba afectando en forma negativa a las glándulas linfáticas. Llegué a la conclusión de que ella necesitaba un hado para reducir su temor. Otra emoción que detecté en ella fue el prejuicio. Esta emoción estaba afectando en forma negativa a su bazo. De modo que se necesitaba otro hado para cancelar la emoción de prejuicio. La siguiente emoción que se presentó fue la timidez. Tenía que eliminarse, pues estaba afectando a su corazón en forma negativa. Después siguió la tristeza. En esa forma, examiné su información genética en diecisiete puntos. Los resultados fueron bastante graves.

Al terminar el examen de su información genética, verifiqué sus condiciones actuales, como falta de apetito, problemas en las plaquetas, la hemoglobina y el bazo. Después de unas tres horas de examen, preparé su agua de hado y la entregué a sus padres.

Al mismo tiempo, recomendé que la llevaran al hospital para tratamiento, pues su condición era bastante grave. Al día siguiente, sus padres la llevaron al hospital nacional de pediatría para hospitalizarla. Después de tomar el agua de hado, la joven experimentó dificultades para respirar. Ésta es una de las tendencias comunes que a menudo tiene la gente después de tomar agua de hado, pero no hay razón para preocuparse. Me entregué a la tarea de hacer que mejorara.

Una semana más tarde, el 3 de marzo, sus padres regresaron a mi oficina con su foto para una segunda visita. Me dijeron que como su hemoglobina había bajado, ella había recibido tratamiento en el hospital durante la semana que acababa de pasar. También se utilizó un diurético para combatir la acumulación de fluidos en el abdomen, y la cifra relacionada con las bacterias se redujo gracias al antibiótico. La chica no podía comer, de modo que estaba recibiendo nutrimentos por vía intravenosa. Además, estaba mostrando señales de ictericia.

En esta ocasión, examiné aquello que era lo más severo en ese momento, que resultó ser temor y tristeza intensos. Preparé el agua de hado para cancelar estas emociones.

Les pedí que tomara agua de hado cinco veces al día. Como en su condición no podía tomar el agua en un vaso, sus padres se la daban con una jeringa, depositando uno o dos mililitros de agua debajo de la lengua. Si la persona puede tomar agua, normalmente le digo que diluya el agua de hado y la tome cinco veces al día hasta un total de 800 a 1 000 mililitros diarios.

Cuando los padres de la chica regresaron para una tercera visita el 7 de marzo, me trajeron buenas noticias. La nueva agua de hado parecía funcionarle bastante bien. Los exámenes que se hicieron el día 5 mostraron que su cifra de glóbulos blancos se había reducido de una cifra muy alta, 2 300, a 900. Su ictericia había desaparecido y las funciones de sus pulmones y corazón habían mejorado.

Sin embargo, tenía una acumulación de fluidos alrededor del corazón, y también tenía anemia. Así que preparé otra agua de hado para ella.

Después de tomar esta agua empezó a mejorar con más rapidez. El fluido alrededor de su corazón se redujo, y ya no necesitó suero en el brazo y pierna derechos. Hasta ese momento había tenido suero en tres lugares, pero ahora sólo lo necesitaba en el brazo izquierdo.

Conforme repetimos el proceso de prepararle agua de hado para que la tomara y examinamos sus nuevas condiciones para hacer nueva agua de hado, la cifra de sus glóbulos blancos mejoró. Se le permitió ir a casa temporalmente, del 22 al 29 de abril, y después del 3 al 6 de mayo. Sus padres informaron que su expresión facial había cambiado asombrosamente de una mirada en blanco a sonrisas.

Al mismo tiempo que tomaba el agua de hado que yo le preparaba, recibía también tratamientos en el hospital. Creo que su mejoría se debió a ambos enfoques simultáneamente.

No obstante, a mediados de mayo, empezó a experimentar los efectos secundarios de los fuertes medicamentos contra el cáncer, y empezó a perder el cabello. Esto causó un gran impacto en esta jovencita. La si-

Figura 1.1
Momento de fotografiar un cristal de agua que aparece aproximadamente a los -15 grados centígrados y desaparece en veinte o treinta segundos.

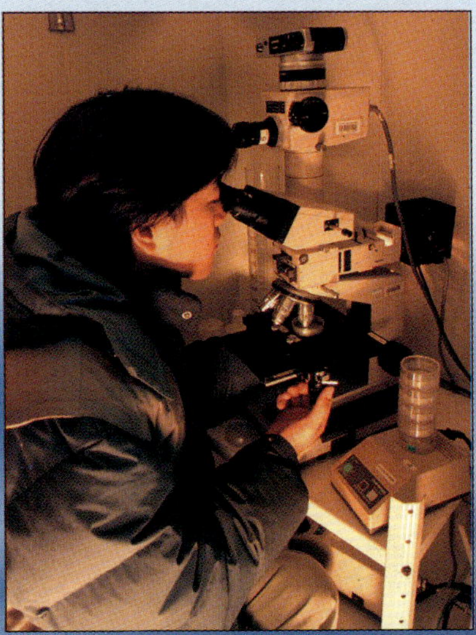

Para sacar fotografías en una sala cuya temperatura se ha reducido hasta -5 grados centígrados es necesario usar ropa de invierno (arriba). La muestra de agua se coloca en cincuenta cajas de petri y se pone en el congelador (izquierda). Se fotografía la orilla de la superficie del hielo (derecha).

Figura 1.2
Agua de la llave.

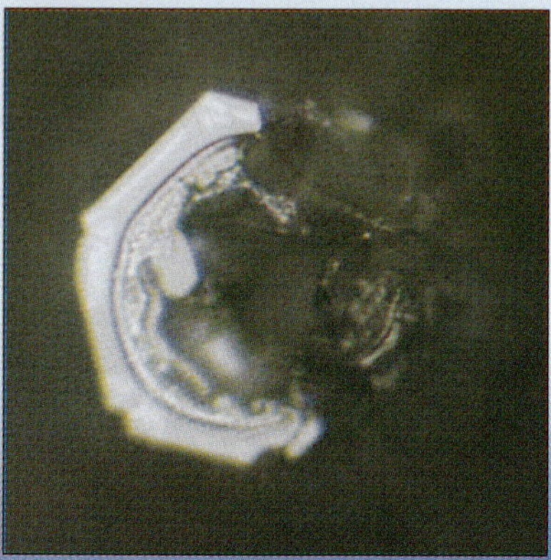

Agua de la llave en Sendai, Miyagi.

Agua de la llave en Shinagawa, Tokio.

Agua de la llave en Katano, Osaka.

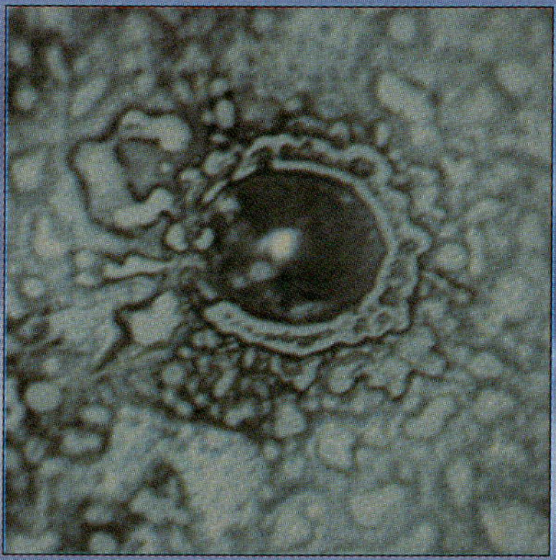

Agua de la llave en en Kanazawa, Ishikawa.

Los resultados no fueron favorables, excepto en el agua de la ciudad de Katano; en algunas muestras parecía que el agua se estaba esforzando por formar cristales.

Figura 1.2 (*continuación*)

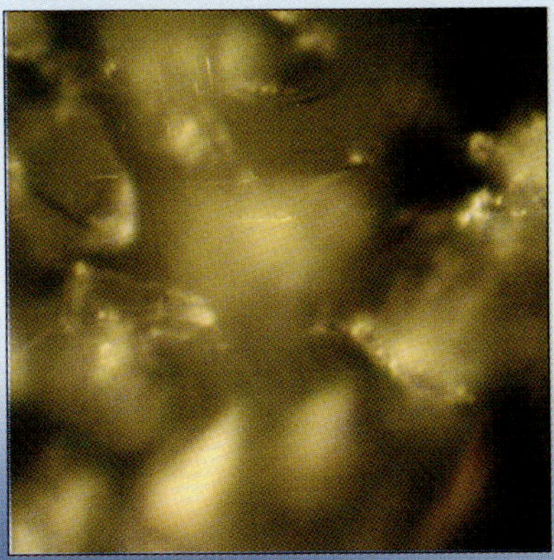

Agua de la llave en Venecia.

Agua de la llave en Londres.

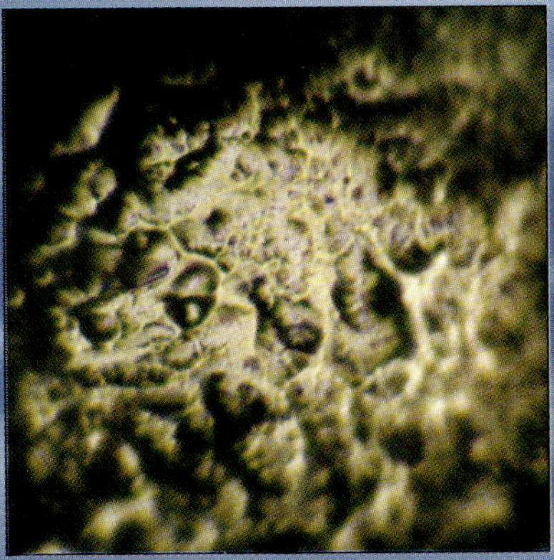

Agua de la llave en Bangkok.

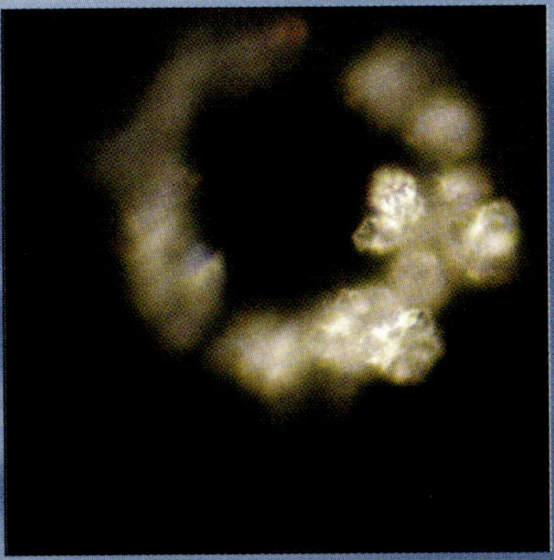

Agua de la llave en Hong Kong.

Incluso en Venecia, la capital del agua, el agua de la llave no formó cristales. El cristal que se formó con el agua de la llave de Hong Kong se veía borroso. Si se les compara con el agua de la llave de Japón, el agua de estas dos ciudades se ve un poco mejor.

Figura 1.2 (*continuación*)

Agua de la llave en Vancouver.

Vancouver se encuentra en la costa occidental de América del Norte. La cuidad es famosa por su clima relativamente moderado y su abundancia de recursos acuáticos. Su agua de la llave formó un hermoso cristal.

Figura 1.3
Cristales de agua de algunas aguas minerales que se venden en el mercado.

Agua mineral doméstica (en Japón) # 1.

Una marca de agua mineral doméstica tuvo como resultado un cristal muy hermoso. Podría ser la manifestación de la belleza de su fuente.

Figura 1.3 (*continuación*)

Agua mineral doméstica (en Japón) # 2.

Otra marca de agua mineral también formó un cristal hermoso. Esto hizo que recordáramos la frase: "La unidad de nuestro cuerpo con el territorio".

Figura 1.3 (*continuación*)

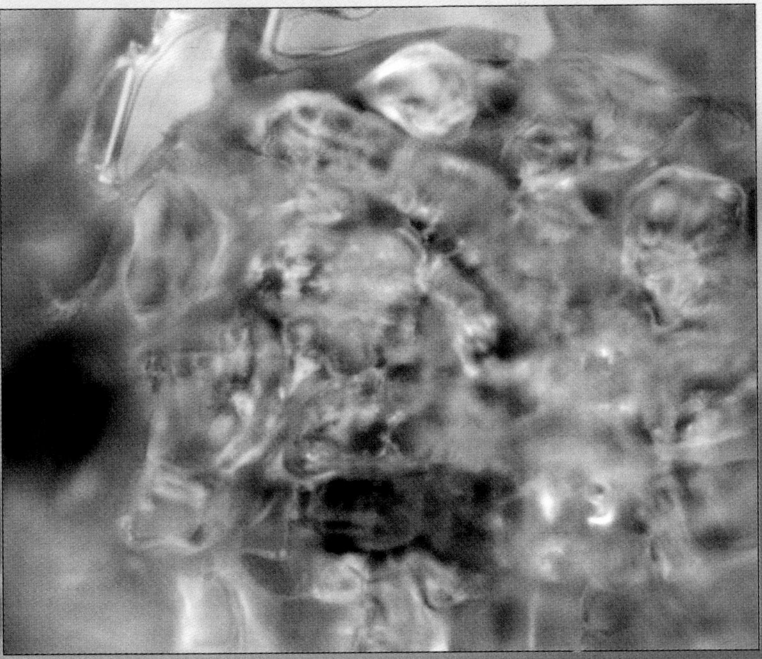

Una marca de agua mineral extranjera.

Esta marca, que a menudo se ve en supermercados y tiendas, no formó un cristal. Eso hizo que nos preguntáramos...

Figura 1.4
El lenguaje positivo hace que un cristal de agua sea hermoso.

Gracias.

Escribimos la palabra Arigatto (gracias) en un procesador de palabras y la pegamos en una botella con agua. En la fotografía que tomamos apareció un cristal de hielo en forma hexagonal.

Figura 1.4 (*continuación*)

En una botella de agua pegamos la palabra japonesa que significa "eres un tonto". La dejamos de un día para otro, luego congelamos el agua y fotografiamos el cristal.

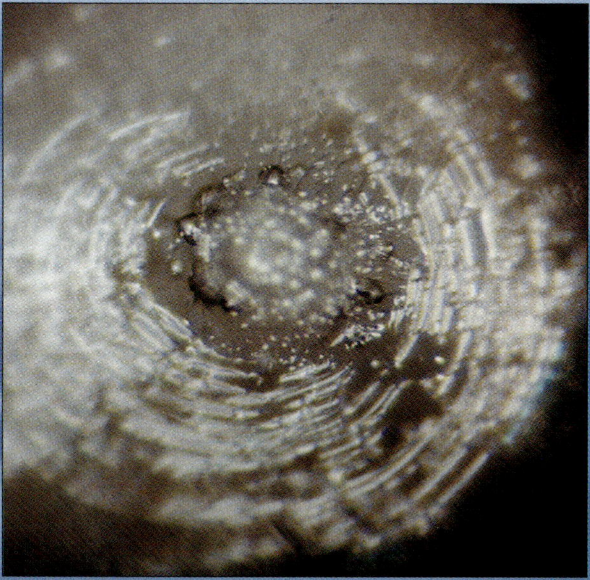

Eres un tonto.

Cuando alguien nos dice algo de este tipo, nos sentimos mal. Aunque usamos la misma agua que pusimos en la botella que decía "gracias", el agua con la etiqueta "eres un tonto" tuvo como resultado la forma que se muestra aquí.

Figura 1.4 (*continuación*)

Felicidad

Le mostramos al agua la palabra "felicidad". Este cristal nos hizo pensar en un diamante finamente cortado.

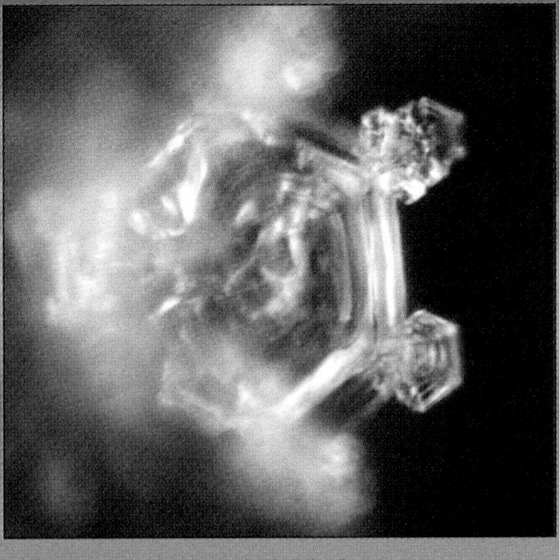

Infelicidad

El agua que tenía la palabra "infelicidad" formó un cristal incompleto. Parecía que el agua estaba trabajando arduamente para formar un cristal, pero se agotó y no pudo lograrlo.

Figura 1.4 (*continuación*)

Bien hecho.

El agua pareció sentirse contenta cuando se le felicitó. Con esta forma que se extiende libremente, el cristal parecía comunicar su placer.

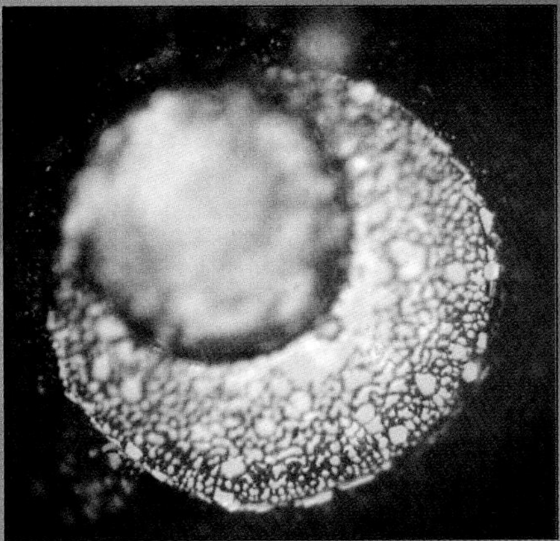

No está bien.

El cristal parecía tener un hoyo en el corazón y sentirse desilusionado. Aunque utilizamos esta frase de manera inconsciente, el cristal nos recordó que éste es el efecto que tiene.

Figura 1.5

Merci

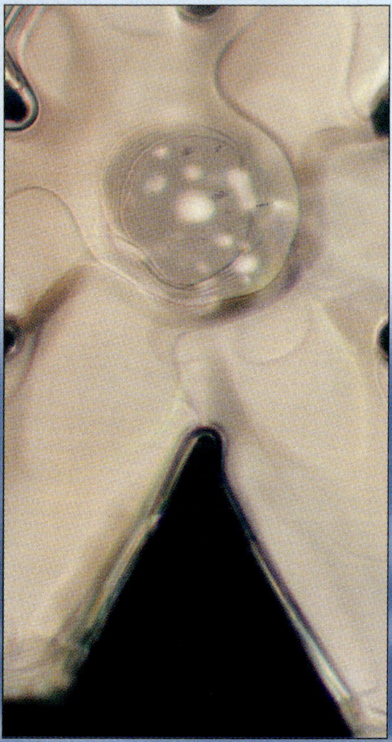

Kamusamunida
("gracias" en Coreano)

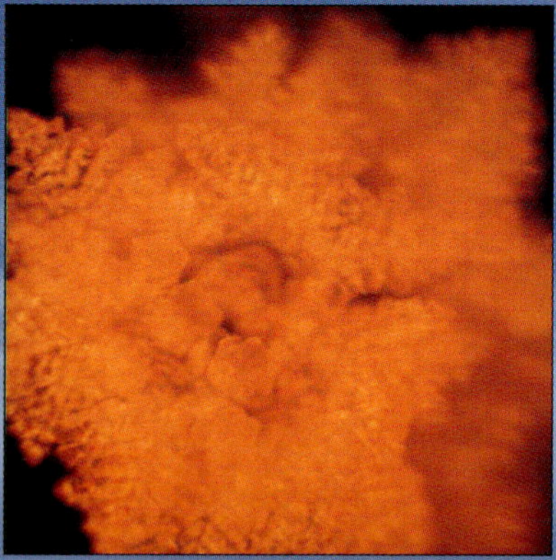

Thank you

La diferencia en la forma de estos cristales se debe tal vez al reflejo del origen de estas palabras. El cristal que tenía la palabra en coreano tuvo una forma única.

Figura 1.6
Vivamos siempre nuestra existencia con esta belleza en nuestro corazón.

Amor y gratitud.

Hemos fotografiado innumerables cristales de agua, pero nunca olvidaré cómo me sentí cuando vi este cristal. Espero que podamos tener una vida llena de amor y gratitud.

Figura 1.7
El dar hermosura al agua de lluvia depende de nuestros esfuerzos.

Aunque esta ciudad se encuentra en una zona hermosa, en el pasado el agua de lluvia sólo produjo una forma fea. Tres años más tarde, el agua de lluvia formó un cristal hermoso.

Agua de lluvia en Bici, Hokkaido.

Figura 1.7 (*continuación*)

Ninguna otra ciudad tuvo un cambio tan dramático en los cristales de agua como Tokorozawa. Fue como si el agua escuchara las plegarias de los residentes de Tokorosawa pidiendo un entorno mejor.

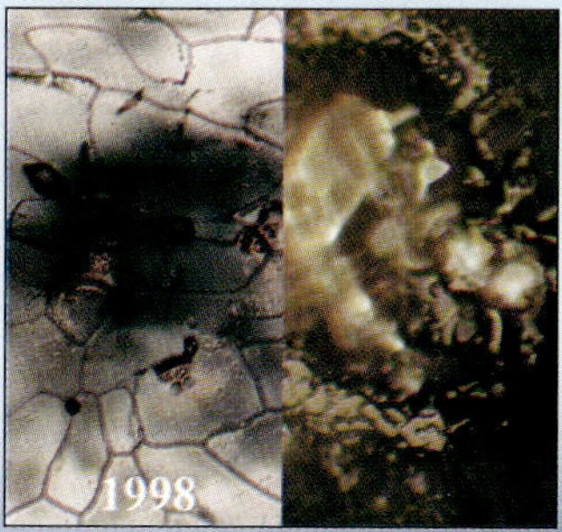

Agua de lluvia en Tokorosawa, Saitama.

Figura 1.7 (*continuación*)

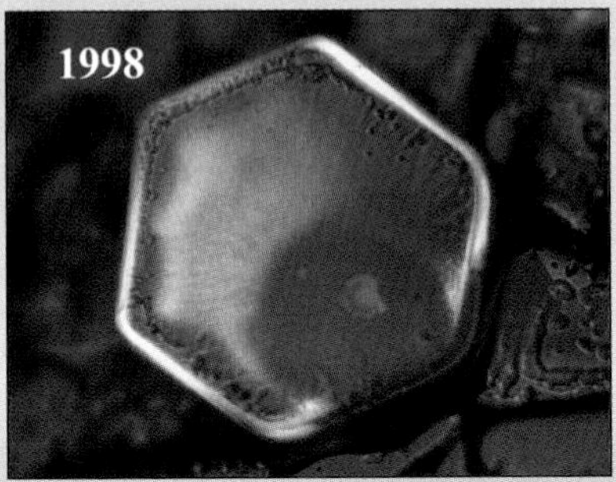

Actualmente, mi oficina está en Taito Ward en Tokio. Parecía que el agua de lluvia estaba esforzándose mucho para formar un cristal. Tengo esperanzas para el futuro.

Agua de lluvia en Taito, Tokio.

Figura 1.7 (*continuación*)

La Oficina de Agua Potable de la Ciudad de Osaka invirtió 75 mil millones de yens en un proyecto de purificación de agua utilizando ozono y carbono activado, que se terminó en marzo de 2003. El agua de lluvia podría reflejar el alto nivel de conciencia de sus habitantes.

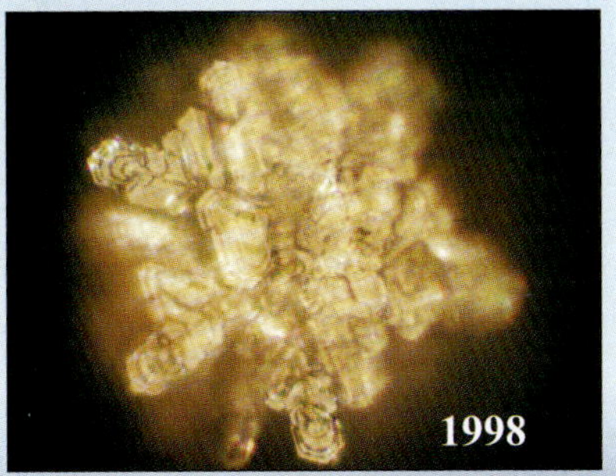

Agua de lluvia en Osaka, Osaka.

Figura 2.1
Diapasones.

Cuando se golpea el diapasón de la derecha (de 440 Hz) con un martillo de goma, el de en medio, que tiene la misma frecuencia, tiene resonancia, pero no el de la izquierda (de 442 Hz).

Figura 2.2
Hado y patrón de la onda que lo cancela.

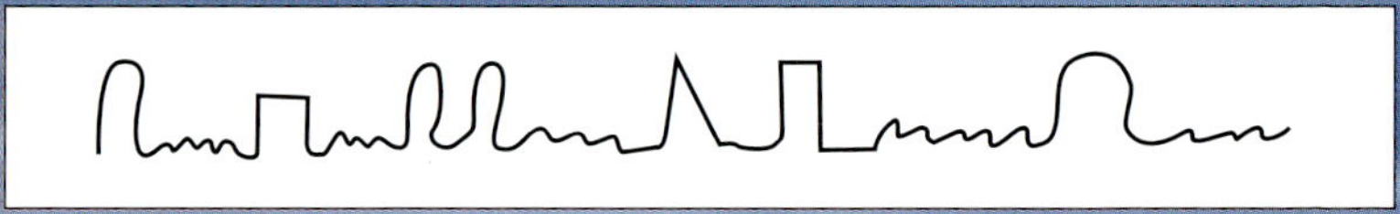

Ejemplo de un patrón de onda del hado.

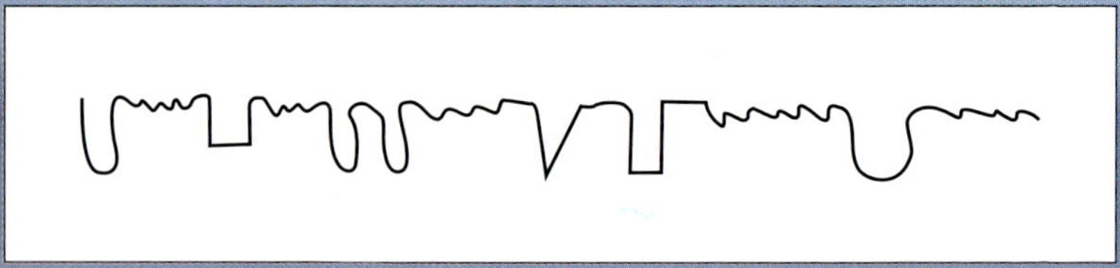

El patrón de la onda que cancela al patrón de arriba.

Figura 2.3
La verdad en la frase: “La preocupación a menudo causa enfermedades”.

Estrés

La palabra “estrés” se pegó en una botella de agua. El cristal nos dio la impresión de estar oprimido o encogido.

Figura 2.3 (*continuación*)

Estrés —→Relajación.

Se retiró la etiqueta que decía "estrés" y se reemplazó con una que decía "relajación". El cristal no parece estar comprimido. Es un cristal doble que indica que cuando nos relajamos la gente se nos puede acercar en forma natural.

Figura 2.3 (*continuación*)

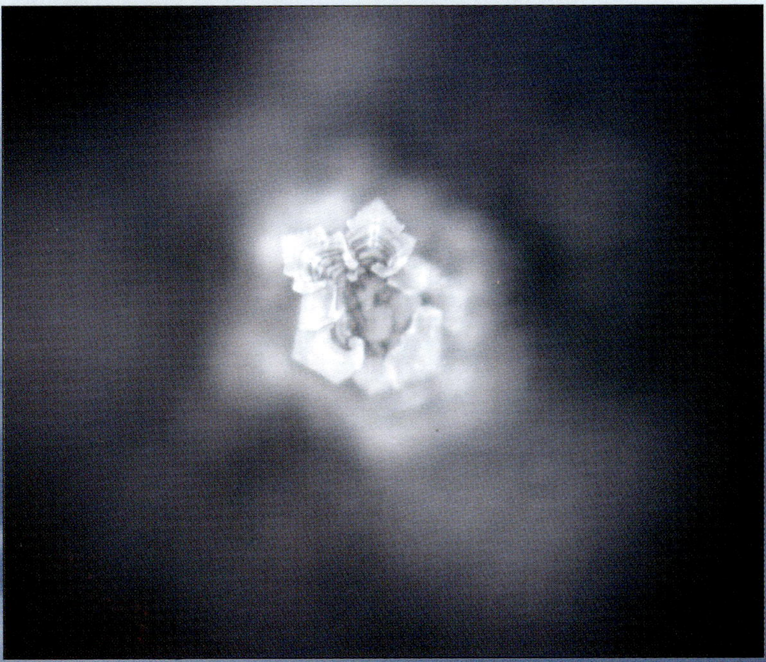

Preocupación

Después de mostrarle al cristal la palabra "preocupación" tenía una forma similar a la que se formó con "estrés". La fotografía nos da la impresión de que el cristal se retira y se introduce en una concha.

Figura 2.3 (*continuación*)

Preocupación ⟶ Tranquilidad.

La etiqueta que decía "preocupación" se reemplazó con una que decía "tranquilidad". El cristal de agua no está restringido, sino que es hermoso. La imagen nos habla de la importancia de la "tranquilidad". La palabra japonesa es kiraku, que literalmente significa "disfrutar el ki" (energía sutil).

Figura 2.3 (*continuación*)

Ansiedad

Contrario a lo que esperábamos, este cristal tiene buena forma. Tal vez el agua respondió al significado original de la palabra "ansiedad" que en japonés es kokoro-kubari y significa "poner atención a algo". El agua entiende bien los caracteres kanji.

Figura 2.3 (*continuación*)

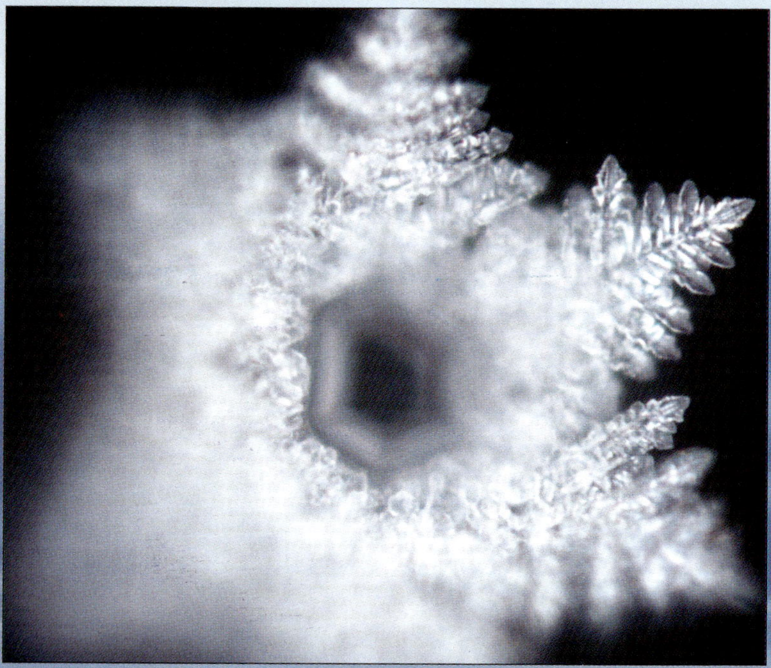

Ansiedad ⟶ Alivio.

Se retiró la etiqueta que decía "ansiedad" y se reemplazó con una que decía "alivio". El resultado fue un cristal muy fino. (Se ve borroso, ya que el cristal tenía una forma en tercera dimensión. De modo que si se enfocaba un punto, el resto se salía de foco.)

Figura 3.1
¿Cómo respondió el agua al Síndrome Respiratorio Agudo y Severo?

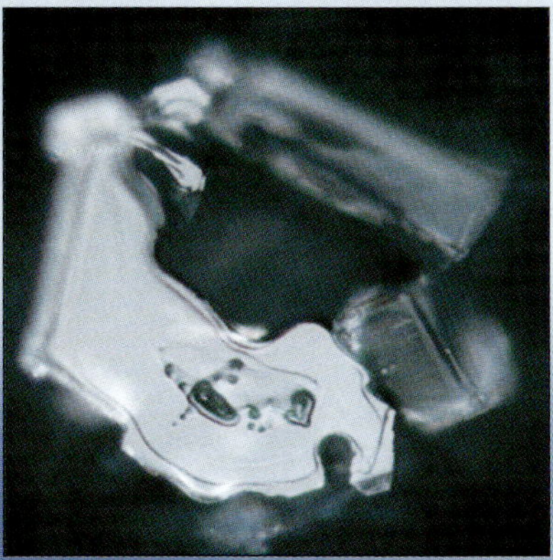

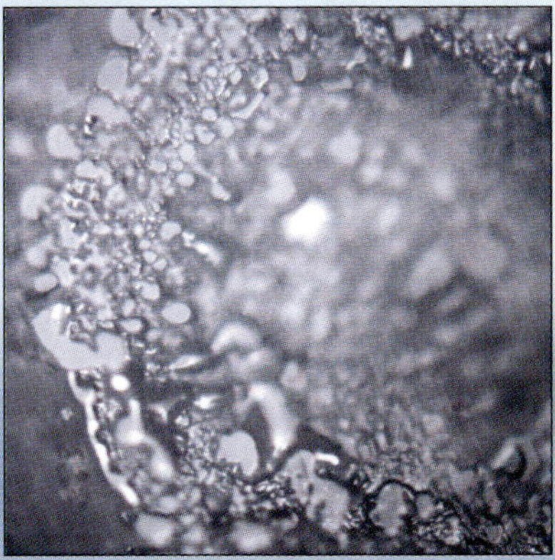

Síndrome Respiratorio Agudo y Severo (en japonés)

Pegamos una etiqueta con la palabra japonesa que significa "Síndrome Respiratorio Agudo y Severo" (SARS) en una botella de agua. Los cristales que resultaron se veían encogidos debido al terror.

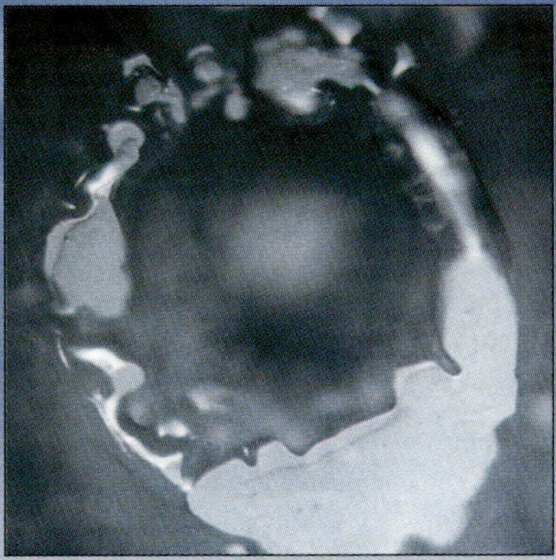

Figura 3.1 (*continuación*)

Síndrome Respiratorio Agudo y Severo (en japonés)
Amor y Gratitud (en japonés)

Se retiró de la botella la etiqueta que decía "Síndrome Respiratorio Agudo y Severo" y se reemplazó con otra que decía "amor y gratitud". Con la energía de "amor y gratitud", el agua empezó a brillar.

Figura 3.1 (*continuación*)

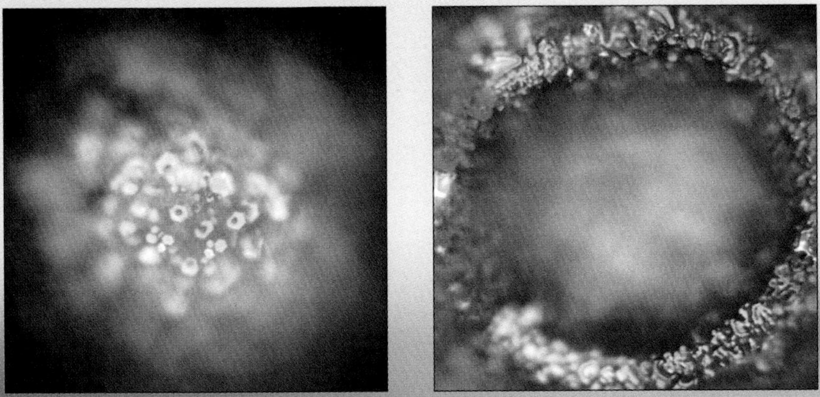

Síndrome Respiratorio Agudo y Severo (en inglés)

Le mostramos al agua el nombre de este mal escrito en inglés. Éste es el poder del nombre de esta enfermedad que aterró al mundo.

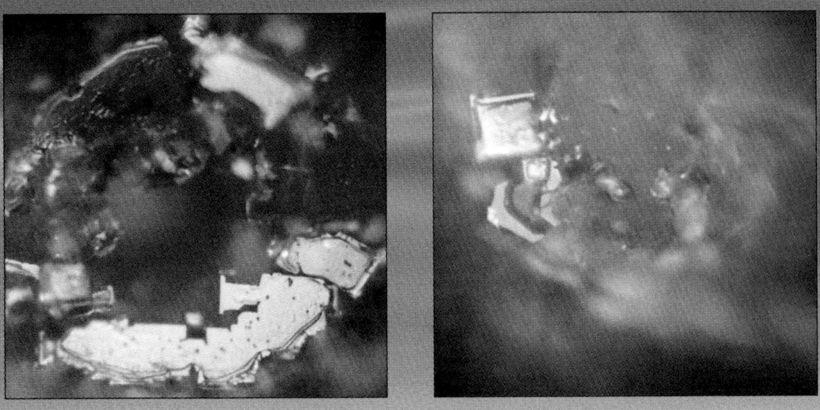

Figura 3.1 (*continuación*)

Síndrome Respiratorio Agudo y Severo (en inglés) Amor y Gratitud (en inglés)

"Amor y gratitud" no tiene barrera de idiomas. Le mostramos al agua las palabras en inglés; el resultado fue tan hermoso como lo esperábamos.

Figura 3.2
Cuando se le habló al arroz cocinado.

"Eres un tonto" (izquierda)
y "Gracias" (derecha)

Figura 3.3
El nivel consciente de las personas cambia el agua sucia de una presa.

Agua de la Presa Fujiwara
antes de la plegaria.

Agua de la Presa Fujiwara
después de la plegaria.

Antes de la plegaria, el agua de la presa estaba sucia. Tomamos una muestra de esa agua y su cristal mostró una forma parecida al rostro de una persona en agonía y sufriendo. Tomamos otra fotografía del agua después de la plegaria. El cristal brillaba con una aureola en el centro.

Figura 4.1
¿Qué le pasa al agua cuando se calienta en un horno de microondas?

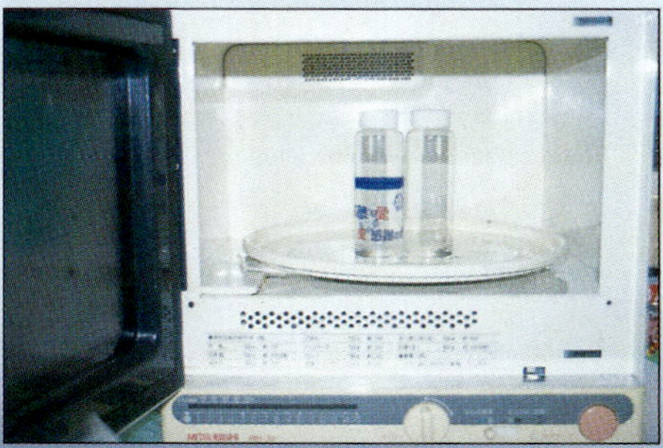

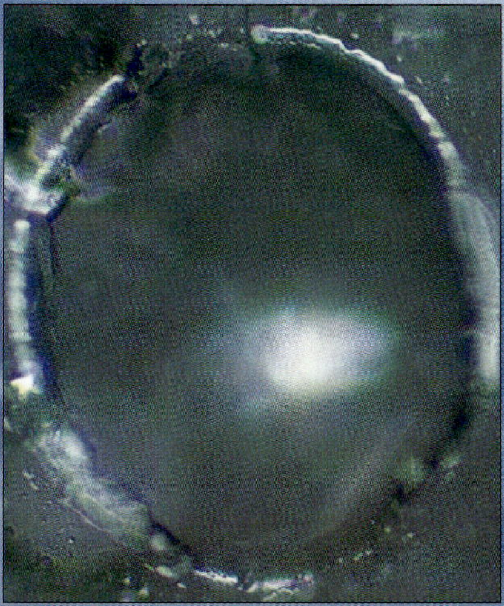

Agua que se calentó en
un horno de microondas.

Como se muestra arriba, preparamos dos botellas de agua destilada. A una le pusimos una etiqueta que decía "amor y gratitud", la otra no tenía etiqueta. Las pusimos en un horno de microondas y las calentamos durante quince segundos. Arriba se muestra el resultado del agua sin etiqueta después de calentarla.

Figura 4.1 (*continuación*)

Agua con la etiqueta "amor y gratitud"
calentada en un horno de microondas.

Con sólo poner la etiqueta "amor y gratitud" se logró una gran diferencia si se compara con el agua sin etiqueta que se calentó en el horno de microondas. Este cristal bien equilibrado nos da la sensación de seguridad.

guiente ocasión en que examiné sus condiciones, mostraba emociones como soledad, depresión, pesar profundo, mal humor y una severa irritabilidad. Naturalmente, se requiere mucho tiempo para contrarrestar este tipo de emociones complejas. Aunque tomara el agua de hado, no recuperaría la salud de un día para otro.

Además, había también en su cuerpo muchos otros disturbios. Era necesario corregir un disturbio a la vez, y continuamos con el proceso durante bastante tiempo. Yo preparaba agua de hado y ella la tomaba; yo preparaba nueva agua de hado y ella la tomaba. Repetimos este proceso once veces.

Nunca olvidaré el examen del 7 de diciembre. Fue la primera vez que ella vino a verme a mi oficina. Yo sólo la conocía a través de fotografías; ahora estaba allí, de pie, frente a mí. Fue un encuentro muy emocionante.

El examen anterior había sido el 7 de septiembre, y ya habían pasado tres meses. ¿Cómo había cambiado su vibración en ese tiempo? De inmediato empecé a usar el aparato del hado para obtener información de ella directamente. Todavía quedaban en ella muchas emociones fuertes como miedo, pánico, miedo de perder el control de sí misma, supresión, irritabilidad, miedo a la muerte, presión y estrés.

El agua de hado que se preparó en esa ocasión debe haber funcionado muy bien en ella, pues sus condiciones mejoraron rápidamente. ¡Lo sorprendente es que la dieran de alta en el hospital el 19 de diciembre!

Desde el inicio del siguiente año, la examinamos cada semana. El 7 de febrero tuvo un periodo menstrual, después de no haberlos tenido durante cierto tiempo. Este cambio corporal agradó a la jovencita, y debió tener sentimientos positivos en relación con su enfermedad. En abril entró a la preparatoria y podía ir a la escuela en el coche de sus padres. Cada vez que la examinábamos, mostraba cierto disturbio en sus vibraciones, pero gradualmente se fueron debilitando. Finalmente dejamos de hacerle exámenes.

En la actualidad, esta joven tiene veinticuatro años. Trabaja como diseñadora. Sus padres me dijeron recientemente que está estudiando la manera de integrar sus técnicas de diseño con la salud.

Consulta de hado para una bebé con males cardiacos congénitos

Muchas personas han venido a consultarme. La razón por la que acepté el siguiente caso es que la forma en que conocí a esta bebé fue única, y le hice el primer examen el 15 de julio de 1994. Me trajeron a la bebé por recomendación de su médico familiar.

El Dr. Y dijo que vino a verme porque había leído mi libro y había comprendido el potencial de la medicina del hado que yo practicaba. Ese día no trajo a la bebé, pero trajo su foto, y con ella realicé el examen.

La foto de la bebé era tan hermosa que me hizo sonreír. Me dijeron que estaba en una etapa crítica, pues según su prognosis sólo le quedaban unos cuantos meses de vida. Desde el punto de vista del diagnóstico de la medicina occidental, su condición no sólo era crítica; desesperada.

Sentí que las circunstancias eran sombrías, pero al mismo tiempo mi espíritu de lucha se encendió. Me dije que tenía que proteger su vida, y escuché la explicación del Dr. Y.

Se había diagnosticado que la bebé tenía un mal cardiaco congénito llamado hipertrofia cardiaca infantil. Como el corazón crece de manera anormal, ocupa cada vez más espacio en el pecho. A la larga, esta enfermedad mata al paciente. En la mayoría de los casos, los bebés que padecen este mal no llegan a cumplir un año.

El diagnóstico de la bebé se hizo el 24 de mayo. El examen que se le hizo entonces reveló que su corazón ocupaba el 68.9 por ciento de la cavidad torácica.

Me sentí impaciente, pues me di cuenta de que faltaban tres meses para que cumpliera un año. Yo confiaba en la medicina de hado, ¿pero podría yo ayudar a esta bebé en el tiempo que le quedaba?

Como dije antes, la enfermedad es el resultado de disturbios en las vibraciones a nivel atómico, lo que a su vez causa disturbios a nivel molecular, después al nivel celular y finalmente al nivel de los órganos. Para corregir la vibración con agua de hado, el proceso debía llevarse a cabo en orden inverso. Eso requiere tiempo. De hecho, hemos tenido casos en que no pudimos ayudar a las personas por falta de tiempo. Yo no tenía tiempo que perder. Así que empecé a medir sus vibraciones de inmediato utilizando su fotografía.

A nivel genético, el aparato de hado detectó miedo a la muerte, culpa, depresión, desconfianza y una profunda tristeza. Preparé el agua de hado para cancelar estas emociones.

La segunda visita fue dos meses después, el 8 de septiembre. En ese tiempo, la habían examinado en el hospital y me dijeron que ahora su corazón ocupaba el 54 por ciento de la cavidad torácica. Su segundo examen de hado mostró emociones similares al anterior.

Aunque el tamaño de su corazón había bajado a ocupar el 54 por ciento, el siguiente examen mostró un incremento de tamaño hasta el 59 por ciento. Su progreso estaba lejos de ser el deseable, pero pudo celebrar su primer cumpleaños el 15 de octubre.

Su tercer examen de hado mostró impaciencia, apatía, prejuicios, estrés, miedo extremo, presión, preocupación, ansiedad, soledad, desconfianza, supresión, hastío, pánico, indecisión y lastima de sí misma.

El agua de hado que se preparó en esa ocasión debió funcionarle bien, ya que sus condiciones mejoraron a tal grado que fue dada de alta en el hospital. A partir de entonces, la examiné una vez al mes y en cada ocasión le preparé agua de hado. La tendencia de su corazón a crecer se redujo gradualmente, y la proporción bajó a un 30 por ciento.

El 23 de abril de 1996, en su examen número veinticinco, recibí las mejores noticias posibles. Una semana antes la habían examinado en el hospital y el tamaño de su corazón era normal. Ésta fue la última vez que vi a esta paciente. Sin embargo, prometí esforzarme al máximo si alguna vez volvía a necesitar mi ayuda.

Su médico familiar, el Dr. Y, se interesó más en la medicina del hado. Incluso contribuyó con un artículo en nuestra revista. En este artículo expresó su determinación por respetar los méritos tanto de la medicina occidental como de la medicina del hado y actuar como un puente entre ellas.

Condiciones que se consideraban hereditarias

La herencia se refiere a información que el padre, la madre y otros antepasados transmiten a un individuo. La información de los antepasados está claramente escrita en los genes. La información de los antepasados tiene varios méritos, pero por desgracia, también incluye deméritos.

En el contexto de la enfermedad, las emociones negativas de los antepasados se transmiten como información negativa que a menudo se manifiesta a nivel físico. Por esta razón, cuando hago un examen de hado, a menudo empiezo con un examen genético del paciente.

Con frecuencia las personas usan esta expresión: “Una línea familiar de cáncer”. Tal vez esa familia ha transmitido las emociones que podrían causar cáncer generación tras generación. Así es como yo entiendo la “herencia”.

Excepto por las enfermedades causadas por virus y ondas electromagnéticas, el método de la medicina del hado requiere tiempo, ya que debemos entender correctamente la información genética de la persona y cancelar sus efectos uno a uno. La información de muchas generaciones se conserva en estratos. Creo que hay doce estratos en el cuerpo humano. Debemos pasar a través de estos estratos uno a uno para contrarrestar la información que puede producir una enfermedad.

Hace muchos años una pareja que asistió a un seminario que impartí me dijo que su segunda hija padecía de un tipo progresivo de cáncer de colon. El cuidado médico, incluyendo la medicina del hado, solucionó su caso por completo, y el progreso del cáncer se detuvo.

Tres años más tarde, a su primera hija se le diagnosticó cáncer cerebral. En un corto periodo, el cáncer había atacado a sus dos hijas. Los padres estaban muy desanimados. Las emociones negativas de las personas a su alrededor no ayudaba a que las pacientes mejoraran. Decidimos examinar su hado en forma constructiva.

Me preocupaba la manera en que daría a los padres los resultados de la información genética tomada del aparato de medición del hado. Si simplemente les decía: "Se transmitió información negativa de una vida anterior", podría acabar confundiéndolos de manera innecesaria. Así que pensé que no sería pertinente darles los detalles de la información relacionada con el examen y sus resultados, y les di una cantidad mínima de información.

El padre de la chica, que salió de mi oficina después de escuchar lo que yo tenía que decir, regresó poco después y dijo: “Me pregunto si lo que usted dijo resulta ser lo mismo que está escrito aquí”. Me mostró un texto tomado de una revista académica, titulado: “El amanecer de la realización de una vida: ¿cómo influye el progreso de la investigación científica en el tema de la reencarnación en nuestro punto de vista sobre la vida?”. El autor de este artículo era el Dr. Fumiko Iida, profesor asistente en el Departamento de Economía de la Universidad Fukushima.

Con sólo leer los subtítulos del artículo me di cuenta de que el Dr. Iida estaba tratando de comunicar lo mismo que yo había querido decir.

“Es cierto. Es cierto. Eso es lo que quise decir. Bueno, la Universidad Fukushima es una universidad de prestigio a nivel nacional. Los tiempos ciertamente han cambiado, ¿no? ¡Ahora un profesor de esta universidad se atreve a presentar este tipo de artículo en una revista académica!”

No pude evitar sentirme asombrado al ver que este artículo se publicó sin temor en Japón, donde sólo se reconocen los méritos de la medicina occidental.

Las enfermedades reaccionan a las emociones negativas

¡Qué importante es vivir la vida en forma positiva!

Yo soy bastante optimista. He estado muy ocupado desde que inicié mi investigación. En especial durante los últimos años. Sólo he tenido cinco días o menos de vacaciones al año. De pronto, descubro que tengo sesenta años de edad.

En la sociedad donde vivo tengo la edad suficiente para retirarme del trabajo; sin embargo, no tengo intenciones de retirarme de la vida activa. Por fortuna, recibo muchas invitaciones para dar conferencias en numerosos países. A pesar de mis frecuentes viajes alrededor del mundo, siento que mi fuerza física es suficientemente buena, incluso mejor que la de personas más jóvenes.

La fuente de mi fuerza física es mi actitud positiva. Por el contrario, aquellos que piensan negativamente tienden a enfermarse con facilidad. De hecho, muchas de las personas que vienen a verme para tratamientos de hado son gente que ha perdido su equilibrio en una dirección negativa. La razón a menudo fue que los pensamientos negativos tuvieron resonancia con factores negativos, como los virus, y les abrieron las puertas.

Para finales de los años 80, yo pensaba que la emoción de la soledad se relacionaba con el hipocampo del cerebro que es responsable de los recuerdos. También pensaba que el aluminio se relacionaba con la demencia. Mediante mis análisis, utilizando el aparato de medición del hado, me convencí de que existían fuertes correlaciones entre ellos.

La emoción negativa de la soledad afecta al hipocampo y eso causa disturbios en la vibración intrínseca del hipocampo. Descubrí que la frecuencia de la vibración perturbada del hipocampo tenía resonancia con la frecuencia de la vibración del aluminio. Pensé que lo que afectaba a los recuerdos era la acumulación de aluminio en el hipocampo.

Más tarde, la Asociación Americana del Alzheimer y otros investigadores publicaron artículos sobre la relación entre el aluminio y el mal de Alzheimer.

Además, las emociones negativas a menudo tienen resonancia con los virus. Por ejemplo, el resfriado. En una escuela primaria, una clase se ve obligada a cerrarse debido a un frío arrollador. Pero otra clase de la misma escuela no tiene tantos niños ausentes, y la mayoría de ellos están estudiando con ahínco. Frecuentemente se presentan situaciones de este tipo.

Una de las causas del resfriado son los virus. Si ése es el caso, ¿el riesgo de tener un resfriado no debería ser el mismo en toda la escuela? ¿Por qué no lo es? Creo que la clave de la respuesta es el nivel consciente del grupo.

En la clase A hay muchos niños que tienden a pensar negativamente. Como escucharon en las noticias que este año el frío iba a ser muy severo, todo el tiempo están pensando en el frío y se preguntan lo horrible que sería resfriarse. Bajo la influencia de estos niños, los demás también empiezan a pensar en el frío. Por otra parte, resulta que en la clase B hay muchos niños optimistas y nadie piensa en el frío. Recuerdan los divertidos programas de televisión que vieron la noche anterior o sienten que apenas si pueden esperar que llegue la hora del recreo.

¿Qué clase tiene más posibilidades de tener más niños enfermos, la Clase A o la Clase B? La respuesta debe ser obvia. El carácter *kanji* significa que la infección consta de dos factores: *sentir* y *ser contaminado*.

Los pensamientos negativos tienen resonancia con los factores más negativos para empeorar la situación. Esto no se limita a las enfermedades. A menudo las personas se suicidan después de leer algo relacionado con el suicidio. Hace unos veinte años, un ídolo juvenil japonés se suicidó. Poco después de que se divulgara la noticia, muchos jóvenes siguieron su ejemplo. Y una vez que ocurre un incidente relacionado con un asesino fantasma, eso parece incitar a otros a hacer lo mismo.

Un último ejemplo serían los accidentes de aviones. ¿Por qué los accidentes de aviones ocurren en serie? ¿Es posible que la ansiedad de los pilotos, los mecánicos y los pasajeros se mezcle para formar un hado enorme y que eso provoque el siguiente accidente?

Para tener una vida saludable mantén tus pensamientos positivos. Yo no soy médico, pero creo que todos los médicos deberían ser filósofos al igual que profesionales de la salud. La percepción profunda de un médico y su actitud compasiva sanan a los pacientes.

Cuando los pacientes pueden eliminar sus emociones negativas, podrán recurrir a sus propias habilidades de autosanación. En la Antigüedad, los médicos eran personas profundamente involucradas en la religión, como los sacerdotes y los chamanes. Así como ellos lo hicieron en la Antigüedad, si los médicos actuales pudieran ayudar a sus pacientes a sanar y a alcanzar la paz mental, cesaría la resonancia de los pacientes con las enfermedades.

Por qué se presentó el Síndrome Respiratorio Agudo y Severo

Hace varios años, un nuevo virus que los seres humanos nunca habían visto atacó en forma desenfrenada. Se le llamó Síndrome Respiratorio Agudo y Severo.

Honestamente, yo tenía la sensación de que este virus se había previsto. Lo veía como un virus que llegó a existir debido al estado de debilidad de la Tierra.

Como mencioné en el capítulo 1, la población del mundo era de aproximadamente 1 200 millones en 1900. Ahora es de más de 6 mil millones. Se cree que la población mundial en el año 1 de la era cristiana era de 180 millones. Esto significa que el crecimiento de la población fue de sólo 1 300 millones durante 1900 años, pero fue de 4 500 millones sólo durante los últimos cien años. Esto, sin duda, es asombroso.

Si vemos a la Tierra como un cuerpo viviente, podremos entender que este cuerpo gigantesco padece disturbios en sus vibraciones debido al explosivo incremento de su población. Si se compara a la Tierra con un cuerpo humano, los disturbios de su vibración deben haber progresado más allá de los disturbios al nivel de las partículas subatómicas o al nivel molecular. Quizás ya llegó al nivel celular, o quizás ya afectó la vibración de los órganos.

Por lo tanto, debemos entender que la inmunidad de la Tierra y su poder de autosanarse se han reducido tremendamente. Cuando la inmunidad reducida se combina con las emociones negativas de ansiedad social, es fácil tener resonancia con un virus que tenga la misma frecuencia.

En 2003, cuando los canadienses padecían el Síndrome Respiratorio Agudo y Severo, que incluso causó muertes, yo visité el país, incluyendo a Toronto, la ciudad más severamente afectada por el virus. Estando allá, se me ocurrió una idea.

Me puse en contacto con mi oficina de Tokio y les di instrucciones para que tomaran nuevas fotografías de cristales de agua. Me preguntaba qué pasaría si le mostrábamos a una botella de agua destilada las palabras "Síndrome Respiratorio Agudo y Severo" tanto en japonés como en inglés.

Normalmente, el agua destilada forma cristales. De hecho, antes de mostrarle estas palabras al agua, formó cristales. ¿Qué le sucedió al agua después de que le mostramos estas palabras?

Como era de esperarse, después de exponer al agua a estas palabras tanto en japonés como en inglés, sólo produjo formas espectrales. El nombre de la enfermedad contenía información negativa con la suficiente fuerza para impedir que el agua destilada formara cristales.

Al terminar con el experimento, decidimos realizar otro. Le dimos otra información a la misma agua que había cambiado su calidad después de ser expuesta al nombre de la enfermedad. En esta ocasión la información fue de naturaleza positiva.

Quitamos de la botella el papel que decía "Síndrome Respiratorio Agudo y Severo" y lo reemplazamos con la etiqueta: "amor y gratitud". Lo escribimos tanto en japonés como en inglés.

Como resultado, el agua formó cristales de nuevo. Ambas muestras de agua a las que se dio la información en japonés y en inglés produjeron cristales hermosos. (Ver la figura 3.1.)

Tal vez haya personas que encuentren difícil creer en los resultados que presentamos aquí y que tal vez digan: "Debe ser una simple coincidencia" o "Ustedes deben estar mintiendo". Sin embargo, es un hecho innegable. El agua cambió en forma dramática de acuerdo con la información a la que se le expuso.

Dar atención es una forma de dar energía

Como el siguiente caso se introdujo en mi libro *Los mensajes ocultos del agua* (Grupo Editorial Tomo), algunos lectores podrían recordarlo. Ésta es una cita de este libro:

> Una familia que tenía una suscripción a nuestra revista llevó a cabo este interesante experimento. Pusieron arroz en dos recipientes de vidrio,

y durante un mes cada día le dijeron "Gracias" a uno y "Eres un tonto" al otro, y observaron cómo cambió el arroz a lo largo de ese periodo. Hasta los niños, cuando llegaban a casa de la escuela, hablaban con estos recipientes de arroz.

Un mes después, el arroz al que le dijeron "gracias" empezó a fermentarse, con un aroma dulce como el de la malta, mientras que el arroz al que le dijeron "eres un tonto" se pudrió y se puso negro. (Ver la figura 3.2.)

Escribí sobre este experimento en el libro *Mensajes del agua,* vol. 1 publicado por mí, y como resultado cientos de familias en todo Japón llevaron a cabo ese mismo experimento. Todos informaron sobre los mismos resultados. Una familia intentó una variación del experimento: como las demás familias, le dijeron "Gracias" a la primera botella y "Eres un tonto" a la segunda, y luego prepararon una tercera botella a la que simplemente ignoraron.

¿Qué creen que pasó? El arroz que ignoraron de hecho se pudrió antes que el arroz al que le dijeron "Eres un tonto". Cuando otros intentaron este experimento, los resultados fueron iguales una vez más. Parece que ser ridiculizado no es en realidad tan dañino como ser ignorado.

El resultado de este experimento tiene un significado importante. Lo más difícil para la vida es que se le ignore, que no se le preste atención. Darle tu atención a algo es una forma de darle energía. Una persona que cultiva plantas me dijo que si les hablas cuando las riegas, crecerán más rápido y producirán flores más hermosas. Al recibir atención, la vida puede obtener energía y avanzar en una mejor dirección.

Ocurre lo mismo en la sociedad humana. Debido a una economía deprimida, la reestructuración se ha convertido en una práctica popular en muchas corporaciones japonesas. Las empresas despiadadamente alejan de las principales actividades de la empresa a los empleados que consideran innecesarios. Otras, que son todavía más crueles, los ponen en una sala de reestructuración, y no se les asignan verdaderos trabajos. Desde su perspectiva, sería más fácil soportar un fuerte regaño por parte del jefe.

No existe situación más difícil que el que se te ponga en una posición en donde no tienes trabajo que hacer y nadie te habla. Cuando alguien ya no puede soportar este tipo de circunstancia, se va voluntariamente de la empresa. El peor caso en lo relacionado con estos escenarios es cuando se empuja a las personas hacia el suicidio.

Pensemos en una situación opuesta. Si queremos que nuestros empleados hagan bien su trabajo, hablemos con ellos sobre la marcha y démosles estímulos. Si queremos imponer disciplina a nuestros hijos, digámosles algo que sea positivo e inspirador.

Si nos enfermamos o sufrimos lesiones, tratemos a las células afectadas con bondad. En dar toda nuestra atención a la parte afectada acelerará su recuperación. Debemos recordar que hemos podido vivir nuestra vida con salud gracias a esa parte de nuestro cuerpo, y debemos estar agradecidos con ella.

Si estamos cerca de personas enfermas, digámosles algo. Debemos entender que nuestra vida es más rica gracias a su contribución, y debemos animarlas de todo corazón con palabras positivas. Al hacerlo, podemos ayudar a su pronta recuperación.

El poder de nuestras palabras

El agua es sensible y responde a lo que decimos. Cuando le mandamos buen hado al agua diciéndole palabras positivas, mostrará cristales hermosos. Además, nuestras peticiones emanan energía y cambian la calidad del agua. Al ofrecerle peticiones al agua, le mandamos hado, y el agua obtiene el poder de responder potencialmente a nuestras peticiones.

Hacer esto requiere de cierta destreza. Podemos mandar un hado más fuerte ofreciendo nuestras peticiones en tiempo pasado y no en tiempo futuro.

Por ejemplo, supongamos que la mamá de un niño tiene cáncer y él le hace una petición al agua por su recuperación: "Espero que el cáncer de mi mamá se curará". No digo que esta oración sea mala. El hado de esta petición definitivamente afecta al agua. Pedir lo mismo, pero usando otras palabras, puede ser una forma más eficaz de cambiar al agua: “El cáncer de mi mamá se curó”.

Estrictamente hablando, desde el punto de vista gramatical, hablar en el pasado no tiene sentido, pues lo que describimos no ha sucedido. Sin embargo, podemos hacer que nuestro pensamiento y nuestra intención sean más fuertes si lo decimos en tiempo pasado. En lugar de decirlo en el futuro, “se curará”, al decirlo en el pasado, “se curó” puede comunicar nuestra fuerte voluntad con más firmeza. Cuando presentamos nuestras peticiones, es importante tener una fuerte imagen de una cura tan pronto como la expresemos.

Imaginar algo significa que estamos pidiendo el resultado final. Supongamos que queremos llegar a ser el secretario general de las Naciones Unidas cuando lleguemos a la edad adulta. Si en lugar de expresar esto en el futuro, afirmamos: “Llegué a ser el secretario general”, mientras nos imaginamos treinta o cincuenta años después presidiendo una reunión de las Naciones Unidas, podremos esperar que tendremos una vida más tranquila. Esto sólo se podrá materializar si formamos una imagen.

La imagen a que me refiero aquí es nuestra esperanza. Es un tipo de información positiva. Al repetir la información con palabras que tienen fuerza, el agua naturalmente nos ayudará. Basándome en mi experiencia, parece que expresar las palabras en voz alta emana un hado más fuerte que si las escribimos en un papel.

Yo no soy un hombre religioso, ni deseo alabar a las religiones innecesariamente. Sin embargo, las oraciones que una religión ha utilizado durante mucho tiempo tienen una energía de hado muy fuerte. Siento que si creemos fielmente en nuestra religión y recitamos nuestras oraciones, sin duda se nos bendecirá con un fuerte poder.

En una ocasión conocí a un religioso cuyas oraciones hacían que se produjeran cambios en una inmensa cantidad de agua. Visité al sumo sacerdote Houki Kato de un templo esotérico budista en Japón, pues supe que realizaba encantamientos y oraba en la presa Fujiwara en la prefectura de Gunma. Había realizado estos encantamientos y oraciones en varias ocasiones. He visto fotos de la reserva acuática de la presa Fujiwara tomadas antes y después de sus oraciones. Al compararlas, los colores de las fotos de "antes" y "después" ciertamente son diferentes. Como esto me interesó mucho, le pedí al sacerdote Kato que me permitiera acompañarlo la siguiente vez en que hiciera sus oraciones.

Antes de empezar con las oraciones, tomamos una muestra del agua de la reserva. El sacerdote inició sus encantamientos y oraciones. Siguió orando durante una hora creando al mismo tiempo una atmósfera altamente solemne a su alrededor.

Cuando terminó sus oraciones, lo escuché hablar. Tal vez fueron unos quince minutos después de que terminaran las oraciones. El personal que me acompañaba exclamó: "¡Ah! ¡Miren, el color del agua está cambiando rápidamente!"

El hecho es que el agua de la inmensa reserva se estaba poniendo más clara. Antes de la oración, no había reflejos en su superficie, el agua estaba lodosa. Ahora los árboles que la rodeaban se reflejaban en la superficie formando imágenes muy precisas. En japonés tenemos la palabra *kotodama* (espíritu de las palabras). Definitivamente, las palabras del sacerdote debieron tener ese espíritu. Yo fui testigo del poder espiritual en acción.

También tomamos una muestra de agua después de la oración para llevarla a Tokio, donde íbamos a fotografiar sus cristales.

A pesar de lo mucho que lo intentamos, no se formaron cristales con la muestra de agua antes de las oraciones. Por otra parte, el agua fotografiada después de las oraciones formó un cristal de belleza celestial. Tenía una estructura doble con un hexágono pequeño dentro de un hermoso hexágono exterior. (Ver la figura 3.3.) Este cristal aparece también en la portada de mi libro *Los mensajes ocultos del agua.*

"Amor y gratitud" aumenta la inmunidad

Para hacer "agua buena", si es posible, consigue agua destilada para empezar. Podemos fotografiar bellos cristales de agua destilada sin hacerle nada especial. Esto significa que el agua es buena y pura. Sin embargo, tal vez no sea tan fácil conseguir agua destilada. En ese caso, el agua de la llave es aceptable.

Ofrécele al agua de la botella una oración. Lo mejor sería que pudiéramos realizar encantamientos y oraciones como el sacerdote Kato, que cambió la reserva de agua de la presa Fujiwara. No obstante, sería difícil que nosotros, gente común, recitáramos oraciones con "espíritu de las palabras" como él lo hizo. Como no hemos recibido formación especial, nos distraeríamos con nuestros otros pensamientos.

De modo que simplemente háblale al agua. Si tienes un deseo, tal vez quieras expresarlo como una afirmación enfática en tiempo pasado, como lo expliqué antes, imaginando tu éxito al mismo tiempo.

Lo ideal sería recitar las oraciones en voz alta y en forma continua. Sin embargo, tal vez no sea muy práctico para las personas ocupadas de nuestros tiempos recitar oraciones al agua durante varias horas diarias. Recomiendo que escribas las palabras en un papel y las pegues al recipiente con las palabras hacia dentro para que el agua pueda leerlas. Además, háblale al agua de vez en cuando y sacude la botella, lo que ayuda a activar el agua y contribuye a las vibraciones.

Con sólo hacer estas cosas, puedes hacer tu propia agua de hado personalizada. Sugiero que tomes cinco vasos de esta agua cada día.

¿Qué debes hacer si no tienes deseos específicos? Lo mejor es mostrarle al agua las palabras "amor y gratitud" y hablarle. Durante mucho tiempo le he estado dando al agua diversos tipos de información y he fotografiado sus cristales de hielo. Le hemos dado al agua tantos datos positivos como se nos han ocurrido (palabras hermosas, fotografías de paisajes bonitos y música bella) con el fin de fotografiar cristales. Todos son hermosos, pero el que yo considero más hermoso es el cristal que se forma cuando el agua se expone a las palabras "amor y gratitud".

El "amor" es absoluto, y la "gratitud" es relativa. Lo absoluto es una energía activa, y el carácter relativo es una energía pasiva.

Sólo cuando tenemos un receptor podemos involucrarnos en la acción de dar. No importa cuánto te esfuerces en dar amor, sin un receptor, no podrás hacerlo. Se trata de la providencia de la Naturaleza. El sol está en la posición de dar y la luna en la de recibir. Esto también se aplica al amor del hombre y la mujer y al acto de dar que se relaciona con el nacimiento de la vida. Estos actos son posibles cuando hay receptores.

Los cristales del agua nos presentan de manera espléndida la providencia de la Naturaleza y el concepto de los fenómenos de la vida.

No sólo el amor. No sólo la gratitud. Únicamente cuando los dos están juntos pueden manifestar la obra de la Naturaleza.

Llegué a comprender que tal vez no existe mejor información que la que contienen estas dos palabras. La proporción del agua es de uno a dos: oxígeno e hidrógeno. Aprendiendo de su estructura, me atrevo a creer que el agua buena representa una porción de amor y dos porciones de gratitud.

CAPÍTULO CUATRO

Cómo usar el poder del agua en tu vida

Come alimentos con buen hado

No podemos vivir sin agua. El agua tiene vibraciones, la fuente de la energía.

Algunas personas podrían decir: "¿Qué hay de la comida? Tampoco podemos vivir sin comida". Es cierto, De hecho, no podemos vivir sin alimentos. La alimentación es importante para nosotros, por supuesto, pero su vibración es lo que es esencial para llevar una vida con vitalidad.

Todo lo que vive debe seguir vibrando. En otras palabras, cada célula también debe seguir vibrando.

La vibración no puede continuar por siempre sin que algo la cause. Pasa lo mismo con todo en la vida. Por ejemplo, un trompo no puede girar indefinidamente; al final se para si nosotros no lo mantenemos en movimiento. Para evitar que se pare, le damos al trompo una especie de golpe girándolo con la cuerda. Éste es el papel que representa la comida en cuanto a la vibración de los seres vivos.

Cada alimento tiene cierta vibración. Las fresas tienen su propia vibración y las manzanas tienen la suya. Por supuesto, cada órgano o célula de nuestro cuerpo tiene su propia vibración. Las vibraciones de los alimentos tienen resonancia con las vibraciones de nuestros órganos y células. A través de esta resonancia de los órganos y células del cuerpo, la vida sigue adelante. Para influir en los diversos órganos del cuerpo con vibraciones de buena calidad, es importante comer una variedad de alimentos. Desde el punto de vista de la nutrición, se nos dice que comamos diversos alimentos para evitar un desequilibrio en nuestra dieta. La razón es que necesitamos hacer que nuestros órganos y células resuenen tanto como sea posible con las vibraciones que se derivan de los alimentos.

Hace tiempo, una dietista, la Dra. Akiko Sugahara, y yo realizamos una investigación sobre el hado de los alimentos. La Dra. Suguhara recibió su doctorado de la Facultad Superior de Medicina de la Universidad de Tokio. Después de trabajar en un famoso instituto de investigación, estableció el Instituto Suguhara. Se le considera una autoridad en su área. Se interesó en el hado porque leyó uno de mis libros.

Utilizando un instrumento para medir el hado, medimos el hado de muchos alimentos. El cuadro 2, que aparece a continuación, presenta algunos de los resultados de este estudio:

Cuadro 2. Valores del hado de los alimentos.
Valores del hado de los vegetales

	Hado para la inmunidad	Hado para contrarrestar el estrés	Hado para contrarrestar la presión
Espinaca	+ 18	+ 18	+ 9
Espinaca hervida	+ 7	+ 7	+ 21
Molokheiya cruda	+ 21	+ 20	+ 21
Molokheiya en grano	+ 21	+ 21	+ 12
Camote (flat yam)	+ 8	+ 7	+ 3
Taro	+ 4	+ 2	+ 3
Camote chino	+ 19	+ 10	+ 8
Ajo	+ 21	+ 17	+ 5
Col	+ 4	+ 5	+ 7
Lechuga	+ 7	+ 8	+ 7
Col china	+ 8	+ 8	+ 12
Perejil japonés	+ 8	+ 9	+ 9
Cebolla verde	+ 10	+ 10	+ 12
Perejil Mitsuba	+ 12	+ 11	+ 15
Raíz de rábano japonés	+ 15	+ 14	+ 12
Hoja de rábano japonés	+ 9	+ 7	+ 16
Zanahoria	+ 14	+ 14	+ 15
Raíz de bardana	+ 13	+ 12	+ 20
Raíz de loto	+ 18	+ 18	+ 11
Setas Shitake	+ 10	+ 12	+ 16
Setas	+ 21	+ 15	+ 16
Setas Maitake	+ 21	+ 21	+ 16

Como se mencionó antes, la medida más alta que obtenemos en este instrumento es 21/21. Cuando medimos el hado, se expresa en una fracción cuyo denominador es 21; sin embargo, para simplificar las cosas, aquí sólo usaré los numeradores.

Cuadro 2. (*continuación*)
Valores del hado de peces y mariscos

	Hado para inmunidad	Hado para contrarrestar el estrés	Hado para contrarrestar la depresión
Abulón	+ 7	+ 9	+ 9
Almeja	+ 16	+ 12	+ 15
Turban shell	+ 20	+ 20	+ 20
Almeja Shijimi	+ 15	+ 14	+ 9
Erizo de mar	+ 16	+ 16	+ 16
Pulpo	+ 16	+ 16	+ 14
Pepino de mar	+ 19	+ 16	+18
Atún	+ 12	+ 5	+ 12
Raíz de wakame	+ 19	+ 19	+ 20
Alga marina wakame seca	+ 20	+ 20	+ 20
Alga marina wakame cruda	+ 20	+ 21	+ 21
Alga marina ise hijiki	+ 21	+ 21	+ 21
Alga marina chiba hijiki	+ 17	+ 20	+ 17

Valores del hado de carnes y huevos

		Hado para inmunidad	Hado para contrarrestar el estrés	Hado para contrarrestar la depresión
Res		+ 17	+ 5	– 12
Cerdo		+ 9	– 7	+ 7
Carnero		+ 10	+ 10	+ 6
A la parrilla	Carne	+ 8	– 14	+ 6
	Hígado	+ 10	+ 0	+ 13
Pollo de granja		+ 18	+ 16	+ 9
Pato		+ 18	+ 15	+ 12
Huevos (no fertilizados)		+ 9	– 13	+ 3

Valores del hado de frutas

	Hado para inmunidad	Hado para contrarrestar el estrés	Hado para contrarrestar la depresión
Manzana	+ 14	+ 14	+ 14
Higo	+ 19	+ 20	+ 20
Kiwi	+ 18	+ 19	+ 18
Cidro yuzu	+ 14	+ 14	+ 14
Naranjita china	+ 19	+ 19	+ 18
Uva Kyoho	+ 18	+ 19	+ 19
Tangerina	+ 11	+ 14	+ 12
Ciruela	+ 20	+ 18	+ 21

Valores del hado de nueces y semillas

	Hado para inmunidad	Hado para contrarrestar el estrés	Hado para contrarrestar la depresión
Piñón	+ 21	+ 21	+ 21
Nuez de nogal	+ 20	+ 21	+ 21
Licium	+ 20	+ 20	+ 20
Nuez Ginkgo	+ 19	+ 20	+ 19
Semilla de calabaza	+ 18	+ 18	+ 18
Anacardo	+ 16	+ 16	+ 17
Semilla de girasol	+ 21	+ 21	+ 21
Semilla de ajonjolí	+ 20	+ 20	+ 21

Estudiamos el hado en lo relacionado a la inmunidad, a contrarrestar el estrés y la depresión. En general, los vegetales tuvieron cifras altas. En otras palabras, son eficaces para contrarrestar la enfermedad, el estrés y la depresión. Sin embargo, cada vegetal fue ligeramente distinto. Nuestros resultados en cuanto a los vegetales refuerzan la importancia de comer una variedad de alimentos.

Un estudio que vale la pena mencionar es el relacionado con la espinaca; cuando estaba cruda, tenía buen hado. Pero si se asaba, perdía algunas de sus buenas cualidades. Yo no creía que la diferencia fuera tan grande. Estos resultados también sorprendieron a la Dra. Suguhara.

Después medimos el hado de peces y mariscos. En general, tuvieron buen hado. La Dra. Suguhara analizó los resultados y dijo que como el mar es el rico depósito de minerales, estos alimentos tendían a tener cifras más altas que los productos terrestres.

El estudio de las carnes tuvo resultados interesantes. El pollo y el pato tuvieron las cifras más altas en las categorías de inmunidad, contrarrestar el estrés y contrarrestar la depresión. Por otra parte, la res, el cerdo y el carnero no tenían cifras tan favorables. Especialmente en la categoría de contrarrestar el estrés hubo diferencias obvias entre la carne y las aves.

Luego estudiamos la fruta y las nueces. La Dra. Sugahara se impactó con los resultados y comentó que las nueces, que a menudo reciben el nombre de "alimento de los santos", son lo mejor. Ella había dicho que las nueces nos daban la mejor nutrición, y nuestro estudio confirmó su punto de vista. (Como nota al margen, aunque no es mi intención relacionar la religión con el hado, he notado que cuando las personas avanzan en su formación religiosa a menudo pueden percibir lo que tendría buen hado.)

Desde el punto de vista nutricional, se cree que las nueces tienen un efecto diurético y mantienen flexibles los vasos sanguíneos, así que ayudan a prevenir las trombosis y hemorragias cerebrales.

Después investigamos si habría cambios en el hado que dependieran de los métodos de cocinar. Para este estudio elegimos a la hamburguesa. Comparamos una hamburguesa producida en masa en una fábrica con una hamburguesa hecha en casa. Esta idea fue de la Dra. Sugahara, quien dijo: "Podría haber una diferencia de hado entre una hamburguesa precocinada en una fábrica y una hecha en casa. El hado de la persona que la prepara podría ser un factor. Esto podría ayudarnos a entender lo que significa el sabor casero. Creo que cuando ponemos todo nuestro corazón al cocinar, el hado puede mejorar".

Para probar su hipótesis, realizamos un estudio. Comparamos cuatro hamburguesas diferentes: precocinada en una fábrica, hecha en casa, hecha en casa diciéndole palabras positivas, y hecha en casa diciéndole palabras de ira. (Ver el cuadro 3.)

Cuadro 3. Valores del hado en los métodos para preparar una hamburguesa.

	Hado de inmunidad
Hamburguesa precocinada	- 4
Hamburguesa hecha en casa	+ 10
Hamburguesa con palabras positivas	+ 16
Hamburguesa con palabras de ira	- 6

Las palabras positivas que se usaron fueron "se ve deliciosa", "huele muy bien" y "no puedo esperar para comer con todos los demás". Las palabras de ira fueron: "frustrada", "cansada" y "¿por qué tengo que preparar un platillo tan latoso si no tengo tiempo?"

Como lo anticipamos, los resultados mostraron diferencias entre la hamburguesa precocinada en una fábrica y la hecha en casa. Fue un reto a la imaginación aprender cuánta influencia tenían las palabras en la comida. Por mis experimentos del pasado, yo estaba plenamente consciente de que el agua se veía afectada por la información que se le daba. Sin embargo, no esperaba que los alimentos mostraran una diferencia tan grande dependiendo de las palabras que se les dijeran.

Un platillo puede prepararse en casa, pero existe una diferencia cuando se hace con amor y cuando uno derrama sobre él palabras agresivas. De hecho, una hamburguesa de fábrica resultó tener un mejor hado que la hamburguesa hecha en casa con palabras de ira.

Por lo tanto, le pido a las personas que manden amor y gratitud cuando cocinen para su familia. Les pido a los miembros de la familia que saborean estos platillos que muestren amor y gratitud.

El rápido proceso de calentamiento del horno de microondas perturba el hado

Tomamos agua destilada que normalmente formaría cristales hermosos y la calentamos en un horno de microondas durante quince segundos. Sólo pudimos tomar fotografías grotescas de esta agua, muy distintas a los cristales. (Ver la figura 4.1.)

Las ondas electromagnéticas de un horno de microondas son muy fuertes. Al exponer al agua a estas ondas durante sólo quince segundos, el buen hado del agua destilada se destruyó por completo.

Yo creía, desde hace tiempo, que el rápido cambio en la temperatura del agua deterioraría su calidad. La razón por la cual pensaba así se remonta a la época en que estábamos luchando para tomar nuestras primeras fotografías de cristales de agua. Usábamos agua pura y limpia, la congelábamos y luego la fotografiábamos. Nuestro problema fue descubrir el mejor lapso de tiempo para congelar el agua. Al final, vimos que era más probable encontrar cristales de agua cuando congelábamos el agua lentamente en un periodo de unas tres horas. El proceso para llegar a este descubrimiento no fue fácil.

Cuando pensábamos que un periodo de congelación más corto aseguraría que hubieran menos cambios en la calidad del agua, utilizamos procesos de congelación de alta velocidad utilizando un congelador de alta tecnología y nitrógeno líquido. Sin embargo, descubrimos que no se formaban cristales de agua después de estos procesos. Para conservar las cualidades positivas del agua, era necesario utilizar más tiempo para congelarla. Esto significaba que cuando se obliga al agua a cambiar su temperatura con rapidez, su calidad se deteriora.

Un horno de microondas puede incrementar la temperatura de algo al instante. Después de este proceso antinatural, ¿cómo cambia el hado? En nuestro experimento utilizamos las mismas hamburguesas hechas en casa y comparamos tres métodos diferentes para cocinarlas: en una sartén, en un horno de microondas durante un periodo normal (dos minutos), y en un horno de microondas durante un periodo excesivo (tres minutos).

Los resultados no nos sorprendieron. El hado de la hamburguesa hecha en una sartén fue de +10, mientras que la que se cocinó en el horno de microondas durante un periodo normal fue de +6, y la que se cocinó en el horno durante un periodo excesivo fue muy baja: -2. (Ver el cuadro 4.)

Cuadro 4. Valores del hado de distintos métodos para cocinar una hamburguesa.

	Hado de la inmunidad
En una sartén normal	+ 10
En un horno de microondas, normal	+ 6
En un horno de microondas, excesivo	- 2

Según la Dra. Suguhara, la diferencia entre el periodo normal y el excesivo al cocinar la hamburguesa en el horno de microondas fue sólo de tres minutos. Este lapso de tiempo está dentro del límite en que las personas cometen errores al cocinar. Pero esos errores podrían tener como resultado diferencias cruciales en lo que al hado se refiere. Este experimento me enseñó una lección sobre lo difícil que es trabajar con ondas electromagnéticas.

Cómo mejorar el hado de teléfonos celulares, aparatos de televisión y computadoras personales

Antes mencioné que el hado de la Tierra, una entidad viviente, ha sufrido disturbios debido al rápido crecimiento de la población. Un factor que contribuye a los disturbios del hado del planeta debe haber surgido del hecho de que esta enorme población está utilizando muchos aparatos con ondas electromagnéticas. Los aparatos que producen estas ondas no sólo afectan al hado de la Tierra en forma negativa, sino que también afectan a quienes los usan, pues causan disturbios en su hado y tienen el potencial de dañar significativamente su salud.

Ya he explicado nuestro experimento en el que el agua que se calentó en el horno de microondas sólo durante quince segundos no formó cristales, aunque los hubiera formado si no se le hubiera calentado. Espero que esto haya demostrado la magnitud que pueden tener los efectos de las ondas electromagnéticas. Tengo también otros ejemplos tomados de experimentos con teléfonos celulares, aparatos de televisión y computadoras personales.

El primero fue con un teléfono celular. Pusimos agua destilada en una botella y atamos a ella un teléfono celular con un cordón. Después hicimos sonar el teléfono y mantuvimos abierta la línea en silencio durante un minuto. Repetimos este procedimiento diez veces. El siguiente experimento tuvo que ver con un aparato de televisión que se mantuvo encendido durante cuatro horas. De manera similar, pusimos una botella de agua destilada junto a una computadora durante cuatro horas.

Los resultados mostraron terribles efectos en los cristales de agua. Como el agua que se calentó en el horno de microondas, el agua que se expuso al teléfono celular, al aparato de televisión y a la computadora no produjo cristales. Los únicos patrones que aparecieron fueron formas circulares feas. Entendí claramente la forma negativa en que las ondas electromagnéticas afectaban la calidad del agua.

Pasamos la vida cerca de aparatos que generan ondas electromagnéticas que ciertamente causan disturbios en el hado del cuerpo. Por ejemplo, cuando nos exponemos a ondas electromagnéticas durante mucho tiempo, en especial cuando no nos sentimos bien y nuestro sistema inmunológico está en riesgo, se puede iniciar el proceso de una enfermedad.

¿Qué debemos hacer entonces? Lo ideal sería vivir la vida sin utilizar estos aparatos. Al inicio del siglo XX, antes de la explosión demográfica, la Tierra era hermosa. No había producción masiva ni consumo de energía u ondas electromagnéticas. ¿Debemos regresar a un estilo de vida sin hornos de microondas, teléfonos celulares, aparatos de televisión o computadoras?

No, eso no es realista. Por supuesto, si pudieras retirarte a lo profundo de las montañas y vivir de aire, tal vez podrías escapar de las ondas electromagnéticas. Sin embargo, no todos pueden darse el lujo de dejar su trabajo y mudarse al campo. ¿Qué decir de mí? Yo también uso el correo electrónico cada vez más en mi correspondencia de negocios.

En esta época, es difícil vivir sin utilizar aparatos que generan ondas electromagnéticas. Cuando nos damos cuenta de esto, lo qué necesitamos hacer es encontrar la manera de utilizar estos aparatos sabiamente. Por cierto, he encontrado una sustancia milagrosa. Voy a compartirla contigo.

La respuesta fue en realidad muy sencilla. En el capítulo 3 escribí sobre el agua cuya cualidad se deterioraba después de exponerla a las palabras "Síndrome Respiratorio Agudo y Severo". El agua destilada que normalmente produciría cristales no podía formarlos después de que colocábamos en ella una etiqueta con el nombre de este síndrome. Sin embargo, revivía y formaba cristales cuando esa etiqueta se reemplazaba con una que decía "amor y gratitud".

Pasaba lo mismo con el agua perturbada por ondas electromagnéticas que no podía formar cristales. Además de las muestras normales de agua destilada, preparamos botellas de agua destilada con la etiqueta "amor y gratitud" y las expusimos a las ondas electromagnéticas de un horno de microondas, un teléfono celular, un aparato de televisión y una computadora. En las mismas condiciones que las muestras normales, el juego de muestras con la etiqueta de "amor y gratitud" estuvo también expuesto a fuertes ondas electromagnéticas.

El agua con la etiqueta "amor y gratitud" casi no mostró efectos negativos a causa de las ondas. A diferencia del agua de las botellas sin etiquetas, todas las muestras que tenían "amor y gratitud" formaron cristales hermosos. (Ver la figura 4.2.)

Las etiquetas o imágenes de cristales de agua a los que se mostró la frase "amor y gratitud" funcionan tan bien como las palabras en sí para proteger al agua de los efectos negativos de las onda electromagnéticas.

Nuestro cuerpo está formado de agua. Ahora sabemos cómo hacer que el agua sea inmune a los efectos de las ondas electromagnéticas. Esto significa que también sabemos cómo protegernos de estas ondas.

Para protegernos de las ondas electromagnéticas que generan los aparatos que usamos, ¡podríamos decir "amor y gratitud" siempre que los usamos! Éste sería un método seguro. Sin embargo, este método es tan poco realista como decir: "No utilices ninguno de estos aparatos". ¿Cómo podríamos hablar en un teléfono celular y al mismo tiempo recitar "amor y gratitud"?

No tendría sentido, a menos que pensemos en un método más realista. Mientras me preocupaba por esto, se me ocurrió una idea interesante para un experimento.

Antes de nuestros experimentos con ondas electromagnéticas, había yo visto un documental en NHK (el único canal que transmite para el público en Japón) que me conmovió mucho. Las imágenes de la televisión eran hermosas y tenían ciertos efectos "curativos". Me acordé de este programa y pensé que si le mostraba este programa al agua formaría cristales manteniendo su calidad a pesar de que se le expusiera a la mala influencia de las ondas electromagnéticas. Sería inmune a las ondas electromagnéticas como cuando se le mostraban las palabras "amor y gratitud".

Cuando me llegó esta idea, no me pude quedar quieto. Como dice el dicho "las buenas obras deben hacerse rápido". De inmediato conseguí un video del programa y lo puse en el aparato de televisión".

El resultado fue casi como lo esperaba. En circunstancias normales, el agua que se pone cerca de un aparato de televisión recibe los efectos negativos de las fuertes ondas electromagnéticas, pero con este programa en particular, el agua formó cristales claros. (Ver la figura 4.3.)

La lección es que la información positiva puede superar a las ondas electromagnéticas.

Si nuestros alimentos se van a cocinar en un horno de microondas, mandémosles "amor y gratitud" a ellos y a la persona que los prepara.

Cuando usemos un teléfono celular, limitemos nuestras conversaciones a temas alegres. Si usamos el teléfono celular para conversaciones de negocios, usémoslo para situaciones como cerrar un trato. Si vamos a informar sobre un fracaso, es mejor usar el teléfono normal. Si una pareja tiene conversaciones íntimas en un teléfono celular, tal vez podrían evitar el efecto de las ondas electromagnéticas si su conversación está llena de amor; aunque hablen mucho tiempo en el teléfono celular todo estaría bien. Sin embargo, asegurémonos de nunca hablar de separación en el teléfono celular. Es mejor tratar este tema cara a cara.

En lo que concierne a la televisión, veamos programas o videos que sanan por naturaleza. Cuando vemos noticias en la televisión, es posible que escuchemos informes sobre horribles asesinatos o trágicos accidentes. En ese caso, lo mejor es cambiar de canal o apagar la televisión.

También es aconsejable evitar programas y películas que contienen una violencia constante. En cuanto a los videojuegos, es mejor evitar software que fomente pleitos. El número de asesinatos cometidos por menores se ha incrementado; yo creo que han entrado en un mundo virtual y las ondas electromagnéticas han tenido efectos negativos sobre ellos. En lo que a esto respecta, podría yo añadir que el resultado no fue bueno cuando le mostramos al agua un video pornográfico.

Cuando usamos una computadora, debemos ser cuidadosos. Si la estamos usando para negocios, disfrutemos nuestro trabajo con entusiasmo y con una actitud positiva. Nuestra actitud positiva será más fuerte que las ondas electromagnéticas. Por otra parte, si nos vamos a quejar y a decir: "¿Por qué tengo que hacer esto?", en nuestro trabajo, las fuertes ondas electromagnéticas de la computadora podrían causar disturbios en nuestro hado.

La buena música llega a nuestras células

Mejorar la calidad del agua que usas es algo que tú mismo puedes hacer. Como nosotros somos agua, debemos evitar los disturbios a nuestro hado con el agua que bebemos.

Por fortuna, como dijimos antes, se ha comprobado claramente que es bueno darle al agua información relacionada con sanar y tener pensamientos positivos hacia ella. Por favor recuerda que hasta el agua que se pone cerca de aparatos que generan fuertes ondas electromagnéticas pudo formar cristales cuando se le dio este tipo de información.

¿Qué clase de información tiene efectos curativos? He hablado de la importancia del lenguaje como la frase "amor y gratitud". Sin embargo, la información no se limita a las palabras. Otros tipos de información también tienen propiedades curativas para mejorar el agua. Como el agua es sensible, responde a la música y las imágenes hermosas.

De hecho, cuando empezamos a fotografiar cristales de agua, primero hicimos un experimento para darle al agua la información de la música antes de intentar darle información con palabras. Un joven investigador que quedó fascinado al fotografiar cristales de agua dijo un día: "Hagamos que el agua escuche música. Creo que tendremos cristales de agua interesantes". La idea me gustó desde el principio. Después de todo, me gusta mucho la música. En una ocasión, incluso pensé seriamente en ser vocalista. Así que decidimos tocar, una tras otra, piezas de mi música clásica favorita. (Ver la figura 4.4.)

Después de intentos y errores, llegamos al siguiente método para tocarle música al agua:

1. Se coloca una botella de agua entre dos altavoces y se toca una pieza musical a un volumen normal.
2. Cuando termina la música, se dan golpecitos en el fondo de la botella con firmeza para dar al agua algo de vibración.
3. Se deja reposar la botella de un día para otro, se le vuelven a dar golpecitos y se mete al congelador.

Tocamos la música bajo las mismas condiciones pues la disfrutábamos. Los resultados superaron nuestras expectativas. El agua mostró reacciones similares a los efectos curativos que un ser humano experimentaría con la música. Ante todo, el agua formó cristales complejos e intrincados cuando se le exponía a la música de toda una orquesta.

Tal vez la armonía que crean diferentes instrumentos produce un buen hado. Nuestro cuerpo está formado por unos sesenta trillones de células y es la armonía que estas células crean. La armonía de la música que toca una orquesta puede llegar a todas y cada una de las células de nuestro cuerpo, lo que contribuye a nuestra salud.

Además de música clásica, también le tocamos al agua la música que se conoce como música de sanación, y el resultado fueron cristales hermosos; por el contrario, cuando el agua escuchaba música de heavy-metal, no formaba cristales. (Ver la figura 4.5.)

Creo que la música en realidad tiene efectos curativos. Sentimos que sanamos cuando escuchamos música, quizás porque el agua de nuestro cuerpo sana al escuchar música. La buena música llega a cada una de los sesenta trillones de células de nuestro cuerpo.

Nuestro éxito al tomar fotografías después de tocarle música al agua nos llevó a otros experimentos; por ejemplo, mostrarle al agua imágenes hermosas y hacer que el agua leyera información escrita.

Para este libro, he seleccionado fotografías que se tomaron en estos experimentos y que muestran qué tipo de música parece tener efectos positivos en nuestro cuerpo. Todas estas piezas son populares; tal vez quieras escucharlas en la mañana o durante tu tiempo de relajación en la noche. (Ver la figura 4.6.)

Últimamente he estado pensando más en la relación entre la música y nuestro cuerpo. En el campo de la medicina, cada vez hay más médicos que incorporan la "terapia musical" a su práctica. Dicen que hacer que el paciente escuche música acelera el proceso de recuperación. Yo soy partidario ferviente de esta terapia. Nosotros somos agua. Si la música hace feliz al agua, debe afectar nuestras células en forma positiva, pues están hechas de agua.

Además, me interesa examinar el hado de cada persona y crear sonidos que correspondan a él lo más cerca posible.

En el pasado yo medía y examinaba el hado de las personas y creaba agua que contenía la información adecuada para corregir los disturbios en su hado. Cada persona tiene su hado intrínseco; por lo tanto, la información que el agua debe llevar difiere para cada persona. Como el agua se individualizaba después de encontrar el hado más apropiado para la persona, era muy eficaz. Creo que podríamos hacer lo mismo con los sonidos.

El Dr. Naoki Shibuya, que estableció la Clínica Shibuya de Cirugía Cerebral en la ciudad de Shizuoka, es conocido por su uso de la "terapia de la energía del sonido". El Dr. Shibuya obtuvo su doctorado por su investigación sobre tumores cerebrales y quimioterapia en la escuela superior de la Universidad de Nagoya. El Dr. Shibuya, que es uno de los neurocirujanos de más prestigio certificados por la Sociedad de Neurocirugía de Japón, trabajó en el Departamento de Neurocirugía de las universidades de Nagoya y Tokai.

En 1997 escribió un libro titulado *Subeteno Inochie: algo grande Karano Okurimono* (Dirigido a toda vida: un don de algo grande) (editorial Sougohourei). En este libro introduce la terapia de la energía del sonido como un método para curar diversas enfermedades utilizando el hado de la voz. Si el lector desea los detalles completos debe referirse al libro del Dr. Shibuya. Básicamente explica la terapia para encontrar el hado de un individuo mediante su voz y hacer que escuche el sonido que corrige los disturbios.

Quien desarrolló el sistema para esta terapia fue un ingeniero canadiense de nombre Robert Roy. Durante treinta y cinco años se dedicó a estudiar este tema. Le pidió a un matemático que desarrollara una fórmula matemática para calcular frecuencias atómicas. Utilizando esta fórmula, se encuentra un sonido para corregir la frecuencia perturbada.

A principios de 2003 el señor Roy perfeccionó el sistema y desarrolló un software que puede crear un sonido adecuado después de pedirle a la persona que vocalice durante quince segundos. (A diferencia de una pieza musical que tiene una melodía, este sistema utiliza un solo sonido en diversos patrones.) Gracias a este software la creación de sonidos es mucho más fácil que con la versión antigua. El proceso se lleva a cabo en aproximadamente tres minutos. (Ver la figura 4.7.)

Yo lo puse a prueba. Como estaba cansado después de un viaje al extranjero, y también estaba muy ocupado escribiendo, tenía los hombros muy tensos y con algo de dolor. Después de escuchar el sonido creado por el software durante treinta minutos, la tensión de los hombros desapareció repentinamente.

Si este nuevo sistema se populariza, la terapia musical podría dar un salto cuántico, ya que puede darse a las células individuales el sonido que tenga la información más adecuada. En mi empresa, estamos estudiando este sistema de energía del sonido.

Cómo entrar en armonía con la longitud de onda de la salud y la felicidad

Cuando despierto en la mañana, me siento y me tranquilizo. Después observo el vaso de agua que pongo cerca de mi cama.

Durante más o menos treinta segundos expreso verbalmente mi gratitud con frases como: "Gracias, y te pido que hoy sea un día agradable". Luego me tomo la mitad del agua. Después pienso en lo que necesito hacer durante el día. Con la sensación de éxito que imagino tendré al terminar cada tarea, le digo al agua: "Todo salió bien, gracias". Luego me tomo lo que queda de agua.

Al hacerlo, la información positiva se manda al agua que está en el vaso y también a la humedad que hay en el aire del entorno. Es posible tener resonancia tanto con el agua del vaso como con la humedad del aire.

Me levanto y voy al baño. Después expreso mi gratitud al flujo de agua.

Luego me doy un regaderazo. El agua de la regadera contiene cloro y no es buena para la piel. Para mejorar su hado se necesita amor y gratitud. Esto es de especial importancia para personas que tienen problemas de la piel y que tal vez no puedan instalar un filtro de agua. Es buena idea pegar en la pared del baño papeles con palabras como "gracias" y "amor y gratitud" para mejorar el hado del agua.

Cuando tengo tiempo en la mañana, trato de salir a caminar. Disfrutar el sol de la mañana me alegra el corazón. Mientras camino pausadamente, pienso en cosas positivas.

Tal vez algunas personas piensen: "Yo no dispongo de tiempo en la mañana". Si lo desean, pueden crear ese tiempo en la mañana. Lo único que tienen que hacer es levantarse más temprano. Para levantarse temprano, necesitan acostarse temprano. Se debe evitar el exceso de bebidas alcohólicas. Por el solo hecho de pasar la mañana cómodamente, podemos esperar tener una vida bien regulada que nos hace mucho bien.

Después sigue el desayuno. Normalmente desayuno con mi esposa; pero aunque desayune solo, siempre hago una oración "Itadakimasu" (deseo disfrutar esta comida).

Como mencioné al principio de este capítulo, es mejor utilizar una variedad de ingredientes para cocinar. Para responder a este deseo que tengo, mi esposa dedica tiempo y esfuerzo a cocinar. Estoy muy agradecido con ella.

Mientras como, tengo cuidado de masticar bien los alimentos. Al hacerlo, como pausadamente. El devorar los alimentos me impide disfrutar la rica experiencia de comer. El dedicar tiempo a disfrutar la comida tiene un efecto calmante en mí.

Cuando termino de desayunar, disfruto una taza de té sin prisas. Hay un refrán que dice: "Una varita de té en tu taza en la mañana te traerá buena suerte". Yo lo interpreto de la siguiente manera: "Desayuna sin prisa para que puedas notar la varita de té que hay en tu taza". Si en realidad hay una varita de té en mi taza, siento gratitud y me siento más positivo respecto a ese día. Esta actitud positiva me lleva a resultados positivos durante el día.

Al terminar el desayuno digo: "Disfruté mucho estos alimentos", o "Muchas gracias", aunque nadie esté conmigo.

Como necesito saber lo que ocurre en la sociedad, por lo general veo las noticias de la mañana y un programa de entrevistas en televisión. Sin embargo, si se concentran en temas negativos, cambio el canal. En lo que concierne al hado, sería más sano ver el beisbol de las grandes ligas que programas que tratan temas angustiantes. El ver deportes nos da buena información, ya que al verlos, de vez en cuando hay jugadas que nos emocionan. La profunda impresión que nos causan tiene el efecto de hado bueno y tiene resonancia en nuestro cuerpo.

Después me voy a trabajar. En el trayecto, también trato de pensar en forma positiva. Me imagino que tendré éxito en lo que estaré haciendo durante el día. Traigo a mi mente imágenes del visitante que llega a verme y de las conversaciones agradables que tendré con él. O tal vez piense: "Bueno, mis empleados están trabajando mucho. Debería organizarles un festejo de agradecimiento. ¿Qué tal un viaje de todos los empleados a Hawai, digamos en febrero del próximo año?". Luego imagino este viaje. Veo a mis empleados, que trabajan tanto, sonriendo y disfrutando las islas del verano eterno, y eso hace que tenga yo más deseos de organizar un viaje de este tipo.

Llego a mi oficina. Veo a la persona con quien tengo cita y empiezo a conversar con ella. Podrían surgir muchas ideas durante la charla. Algunas personas observan mi oficina con cuidado y preguntan: "En lo que concierne al hado, ¿hay una distribución favorable para una oficina o una casa? ¿Y qué hay de los muebles? ¿Son cierto tipo de muebles buenos o malos para generar hado?". Éste es el ámbito de los expertos en Feng Shui. Yo no tengo esos conocimientos; no puedo aconsejar a la gente a ese respecto. Sin embargo, hay algo que quiero añadir desde el punto de vista del hado.

Es mejor abrir las ventanas con tanta frecuencia como sea posible para que cambie el aire. Cuando el agua se estanca, su calidad se deteriora. Cuando fluye en un río, el agua no se ensucia. Sin embargo, cuando llega a un lago o a un estanque, rápidamente se ensucia. Lo mismo pasa con la humedad del aire. Así que tengo cuidado de crear un flujo de aire.

Al salir del trabajo, a veces quiero ir a tomar un trago, así que a menudo invito a mis empleados a salir. Me aseguro de que la ocasión sea un festejo agradable y franco en el que se sientan cómodos y hablen libremente, incluso con el presidente de la empresa.

El mayor mérito de beber un trago juntos es que la gente habla con más libertad sobre sus verdaderos sentimientos. Se despoja de su armadura. En nuestras conversaciones sinceras, a veces me causa un impacto inesperado enterarme de lo que piensan mis empleados. Este tipo de impresiones profundas genera buen hado y penetra en nuestras células.

En mi empresa, no se permite hablar de temas negativos cuando estamos en una reunión social. A menudo vemos que un grupo de trabajadores se reúne para tomar un trago y hablar mal de los jefes. Ese tipo de reunión no es positiva. Al parecer, estas personas se sienten atraídas y disfrutan la resonancia con sus vibraciones negativas.

Es interesante que los lugares a los que van estas personas aparentemente atraen a grupos similares de naturaleza negativa. Tal vez la vibración de cada grupo tiene resonancia con la de los demás. Estos lugares están llenos de un tipo de hado que yo no quisiera absorber. En este sentido, es importante elegir con cuidado el lugar a donde uno va a celebrar.

Creo que el hado intrínseco del alcohol es bueno. Se mezcla tanto con agua como con aceite. Es una sustancia extraña que puede formar un puente entre el agua, la espiritualidad y el materialismo. Se considera que el alcohol tiene un hado que los humanos necesitan. Por supuesto, no es bueno tomar alcohol en exceso, al grado de no poder levantarse al día siguiente; así que debemos limitar nuestra bebida a cantidades moderadas.

Yo tomo agua antes de acostarme. De manera similar al ritual de la mañana, hablo con el agua durante unos tres minutos agradeciéndole el día.

Claramente puedo decir que mi día empieza con agua y termina con agua. Yo soy agua, así que siento que esto es muy natural.

CAPÍTULO CINCO

Conforme vivimos, dialoguemos con el agua

Todo depende de tu actitud mental

La Dra. Joan Davis es una de las lectoras que se emocionaron al leer sobre el hado y al ver las fotos de cristales de agua que hay en mis libros. La Dra. Davis es profesora retirada de la Universidad Técnica de Zurich, y ha investigado el agua durante más de treinta años.

Esto es lo que ella me dijo:

> Su investigación relacionada con fotografiar cristales de hielo sugiere dos puntos muy importantes: Uno es darnos cuenta de que el agua responde incluso a la energía más delicada. También quiero informar a los científicos y funcio-

narios que en la actualidad casi no existe protección para el agua. Siento que esta técnica puede usarse en los campos de la salud y el cuidado médico.

Otro punto es respetar más al agua. Lo importante es que recuperemos nuestro deseo de tratar al agua con respeto.

En la antigua Grecia la gente sentía un verdadero respeto por el agua, y muchos mitos griegos se basan en la protección del agua. Pero luego apareció la ciencia y rechazó estos mitos, ya que no eran científicos. El agua perdió su mística y se convirtió simplemente en otra sustancia.

En nuestra cultura moderna hemos perdido la actitud de respeto hacia el agua y hemos estado avanzado hacia la idea de que la tecnología puede limpiar las cosas según sea necesario. En ocasiones decimos: "El agua purificada no es pura". El agua procesada en plantas de tratamiento no es el agua que forma cristales hermosos. Lo que el agua requiere no es purificación sino respeto.

Me conmovió profundamente que ella dijera: "Respetemos al agua". Éstas son las palabras de una mujer de la ciencia que ha trabajado en Suiza, la nación más avanzada en el campo de la investigación del agua.

Las oraciones pueden cambiar el agua

El agua pura es distinta al agua purificada tecnológicamente. La afirmación de la Dra. Davis al respecto me recordó un experimento que hicimos hace tiempo.

Decidimos realizar un experimento de gran alcance basándonos en lo que afirmó el Dr. Nobuo Shioya sobre el espíritu de las palabras. Antes de la Segunda Guerra Mundial, el Dr. Shioya era profesor asistente en la Facultad de Medicina de la Universidad Imperial Keijyo, en Seúl, Corea. A su regreso a Japón, abrió una clínica de medicina interna. Investigó la Seimeisen Chiryo (Terapia de la Línea Vital) y la utilizó en su práctica. En la actualidad tiene más de cien años de edad y está tan bien que juega golf todos los días. El Dr. Shioya nos aconseja decir su oración; él la llama "Gran Declaración": "El poder infinito del universo se solidifica más y más; el mundo llegó a ser verdaderamente grande y pacífico". La idea es decir esto en forma positiva y en tiempo pasado, es decir "llegó a ser". Esta oración ha tenido una gran influencia sobre mí.

Bueno, ¿cuál fue entonces nuestro experimento?

A las 4:30 a.m. del 25 de julio de 1999, 350 personas se reunieron cerca del lago Biwa, el lago más grande de Japón. Según la tradición: "Cuando el agua del lago Biwa se aclare, toda el agua de la nación se aclarará".

El lago Biwa se había contaminado. Su agua sucia olía mal, y su hermosa colonia de juncos había desaparecido. En el verano, un alga que no era originaria del lago sino que provenía de Canadá creció de manera anormal y produjo un olor muy desagradable que se había convertido en una fuente de preocupación pública en esa área.

Era lamentable. El lago Biwa era el lago madre de Japón. Si el líquido amniótico del útero materno estaba contaminado, ¿qué tipo de influencias negativas tendría en toda la nación?

Así que decidimos levantarnos y purificar el agua del lago Biwa con el poder del hado. En una fresca mañana de verano, el señor Shioya nos guió para que recitáramos la Gran Declaración diez veces.

Un mes después, el 27 de agosto, el periódico de Kyoto tenía un artículo largo con este titular: "No hay crecimiento anormal de algas extrañas este verano, cero mal olor". El artículo incluía este párrafo:

> Sin embargo, casi no hay colonias cubriendo el lago este año, y no se han presentado quejas sobre el mal olor originado por la pequeña alga canadiense. La cantidad de alga que se recogió el año pasado en este época llegó aproximadamente a las 1500 toneladas, pero este año, incluyendo otros tipos de algas, sólo han sido 110 toneladas. La persona encargada de la sección [la sección de fomento de vida ecológica de la prefectura] comentó: "No recuerdo ningún caso en que la cantidad fuera tan baja. Estamos planeando conseguir la opinión de los expertos e investigar las causas".

Es natural suponer que la causa que la prefectura gubernamental quería descubrir fue el hado de la Gran Declaración. ¿No lo creen? (Ver la figura 5.1.)

Aunque yo estaba convencido de que el poder del hado podía cambiar el lago más grande de Japón, un titular en el periódico *Sankei* del 16 de abril del año siguiente atrajo mi atención: "El ultrasonido descompone la dioxina del agua: es útil para purificar lagos y pantanos". Este artículo presentó los resultados de la investigación del profesor Yasuaki Meada, de la Facultad de Ingeniería de la Universidad de la Prefectura de Osaka. Me causó un gran impacto, pues había estado buscando evidencia científica de mis ideas.

> Las sustancias orgánicas como la dioxina y el PCB (bifnil policlorinado) en el agua se descomponen casi por completo utilizando ondas ultrasónicas; el 15 de abril se dio a conocer que el profesor Yasuaki Meada, de la Facultad de Ingeniería de la Universidad de la Prefectura de Osaka desarrolló esta tecnología. Al hacer pasar por el agua ondas ultrasónicas de 200 kilohertz, se crean diminutas burbujas que absorben los compuestos químicos. Cuando las burbujas se rompen, los compuestos químicos se descomponen. Esto puede usarse para purificar el agua contaminada de los lagos y pantanos al igual que para el fluorocarbono en descomposición que destruye la capa de ozono de la atmós-

fera. Se sabe que es difícil descomponer estas sustancias, por lo tanto, esto ha representado un problema que se debía resolver. Cuando esta tecnología pueda utilizarse a nivel práctico, creará sensación en el país y en el extranjero.

Las ondas ultrasónicas son sonidos que superan la gama de sonidos que los seres humanos pueden oír (de 16 000 a 20 000 hertz). Debido a la presurización y depresurización que ocurre bajo el agua, las ondas generan burbujas que miden micrones. La burbuja tiene una vida muy corta; explota sólo 0.1 microsegundo después (1/100 000 de segundo). Un estudio reciente muestra que cuando la burbuja cede y explota debido a la presión del agua que la rodea, la burbuja genera temporalmente un calor de más de 5 000 grados centígrados y una presión de aproximadamente 1 000 atmósferas.

Como los compuestos orgánicos clorados tienen poca afinidad con el agua, se pegan a las burbujas. Debido al calor y la presión de la burbuja al explotar, los compuestos se descomponen convirtiéndose en gas de ácido carbónico y iones de cloruro, que no son dañinos. En el experimento, al pasar el ultrasonido de 200 kilohertz por una solución de PCB de 10 PPM durante treinta minutos, 95 por ciento del PCB se descompuso, y se obtuvieron resultados similares con dioxina y fluorocarbono. Como medio

> para eliminar compuestos químicos del agua, este método de de-clorinar los compuestos irradiando ozono y rayos ultravioleta ya está cerca de un uso práctico. Se dice que el método de utilizar 200 kilohertz de ultrasonido, lo cual no es dañino para el cuerpo humano, trata al agua con seguridad y no implica grandes gastos.

Cuando se escribió este artículo sobre la forma en que el agua tiene resonancia con las vibraciones de las ondas ultrasónicas, lo cual mejora su calidad, los sonidos de la Gran Declaración hacían eco en la zona del lago Biwa.

Creo que estas palabras se basan en los sonidos de la naturaleza y se desarrollaron aprendiendo de la naturaleza. De modo que cuando dijimos la palabra "universo", tuvo el mismo hado que el universo; por tanto, creo que debió alcanzar al universo. La Gran Declaración dice: "El poder infinito del universo..." El hado puro de nuestra oración debió viajar a la zona de ultrasonido en áreas lejanas del universo, tener resonancia con él y regresar al lago.

Este hecho tuvo una secuela.

Mi concepto del hado tiende a no recibir muy buena aceptación por parte de muchas personas que creen que la ciencia moderna es una panacea. He estado pensando que si yo pudiera trabajar con las personas que son partidarias de la ciencia moderna y tener un intercambio de información sobre los resultados que cada uno de nosotros ha logrado, seríamos capaces de transmitir ampliamente nuestros mensajes sobre el hado al público en general.

Resulta que el tema del hado sobre el que yo había hablado y la nueva tecnología del profesor Maeda se comentaron ambos en un artículo. Éste apareció en el periódico *Sankei* el 1º de marzo de 2003, como parte de una serie de seis artículos titulada "Ciencia del Agua". Bajo el subtítulo "Como respuesta al ultrasonido, las sustancias dañinas se descomponen", se dieron a conocer una vez más los resultados de la investigación del profesor Maeda. Además, se introdujo el estudio sobre tocarle música al agua que yo había estado haciendo.

Creo que en el futuro, la energía del hado atraerá cada vez más atención de manera amplia y sincera. Lo cual será maravilloso.

Mis estudios muestran que el hado cambia al agua. Si podemos dialogar con el agua con una actitud positiva y con respeto, el agua definitivamente cambiará. Hasta el agua de un gran lago puede cambiar. El agua de nuestro cuerpo también puede cambiar.

"¡Hagámoslo!", en lugar de "¡háganlo!"

Una de las personas que se interesaron en nuestras fotos de cristales de agua es una encantadora dama suiza de nombre Manuela Kihm. La señora Kihm, que dirige una empresa que organiza eventos, quedó encantada con las fotos de cristales de agua desde el principio y dijo: "La maravilla de las fotografías de cristales de agua es que podemos verlos con nuestros propios ojos. Por consiguiente, nuestra capacidad consciente se eleva con un rápido salto. Este despertar de la consciencia sucede a gran velocidad. El hecho de que nuestros ojos puedan ver cosas que hemos pensado y sentido, acelera este cambio". Por lo tanto, ella me invitó a dar una conferencia en Suiza. El éxito que se logró en ese momento me dio la oportunidad de visitar Europa cada año para dar conferencias.

La señora Kihm continuó: "Como tengo dos hijos, sé que el hecho de que les hable con cariño o el que simplemente les dé una orden representa una gran diferencia para ellos. Es muy distinto decir '¡Hagámoslo!' que decir '¡háganlo!' Además, entiendo que sentimos esto al nivel de cada célula del cuerpo".

Los padres de familia utilizan con frecuencia ambas expresiones: "¡Hagámoslo!" y "¡Háganlo!", cuando les están imponiendo disciplina a sus hijos. Los hijos que escuchan estas expresiones se sentirían diferente dependiendo de la expresión que se use. Si fueras niño, ¿cómo te gustaría que te hablaran?

Pegamos etiquetas con las palabras "¡Hagámoslo!" y "¡Háganlo!", en dos botellas de agua y sacamos fotografías. (Ver la figura 5.2.)

Como lo habíamos predicho, el agua que tenía la etiqueta de "¡Hagámoslo!" formó un cristal. Su forma podría describirse como atractiva, no necesariamente como hermosa. Por otra parte, el agua que tenía la etiqueta de

"¡Háganlo!" sólo formó un aterrador círculo. Después de todo, las exigencias y las órdenes no tienen un buen hado.

"Amor" y "gratitud" cambian al mundo

El agua respondió a las palabras que se usan para hablarles a los niños. Esto me hizo pensar que el agua podría responder a información relacionada con las madres y padres que dan amor a sus hijos. Después de escribir varias palabras en trozos de papel, se las mostramos al agua.

En el caso de las madres, seleccioné estas frases: "el sabor de la comida de mamá", "el cuidado de mamá", "esposa y suegra", "cordón umbilical", "hogar feliz", "nacimiento", "leche materna", "cuidado de los hijos" y "sentido de seguridad". Todas produjeron cristales maravillosos, menos una. La que no formó un cristal completo fue "esposa y suegra". Al parecer esta frase contiene algo de información negativa.

En el caso de los padres, seleccioné estas frases: "el pasatiempo de papá", "jugar a la pelota con papá", "viaje familiar", "enseñanzas de papá", el ejemplo de papá", "pilar central" (sostén de la familia). Todos formaron cristales como lo esperábamos. (Si se desean detalles completos, véase *Mensajes del agua*, tomo 2.)

Algo que resultó contrario a mis expectativas se relaciona con el agua a la que se mostró la palabra japonesa "pilar central". Pensé que formaría un cristal grande y fuerte. Sin embargo, el cristal que en realidad formó era compacto y diminuto. Si la palabra "pilar central" se le hubiese mostrado al agua cuando todavía se considera-ba que los padres eran los jefes de la familia, tal vez el agua habría formado un cristal diferente. Quizás el cris-tal que conseguimos refleja la realidad de los padres que en la actualidad sienten que se les respeta un poco menos. (Ver la figura 5.3.)

De cualquier modo, el agua respondió con sensibili-dad a la información relacionada con "amor" y "grati-tud" en una familia.

El agua se vio afectada por la vibración que acompa-ña al "amor" y a la "gratitud". Esto debe ocurrir contigo que eres agua, y con el mundo en el que estás.

La señora Kazue Kato fue famosa en Japón como ac-tivista de la liberación femenina y como política. Triun-fó en la primera elección después de la Segunda Guerra Mundial y llegó a ser la primera mujer en el Congreso Nacional de Japón. La señora Kato continuó ofreciendo nuevas sugerencias y contribuyó en gran medida a ele-var la categoría social de las mujeres en Japón. Vivió hasta los 104 años de edad. Recuerdo que en una entre-vista que le hicieron cuando cumplió 100 años, le pre-guntaron: "¿Cuál es su secreto para la longevidad?" Ella respondió: "Cada día tengo diez experiencias que con-mueven mi corazón. Ése es mi secreto para la longe-vidad".

Pensé que esto era maravilloso. Puedo entender muy bien lo que ella quiso decir. Teniendo experiencias que conmueven nuestro corazón, podemos tener resonancia con el buen hado, lo que a su vez corregirá cualquier disturbio en el hado intrínseco de nuestro cuerpo.

En la mañana me levanto y salgo a ver salir el sol. Mi corazón se conmueve por la belleza del sol brillante, y siento gratitud por estar vivo. Siento deseos de venerar al sol. Al ver mi jardín, encuentro hermosas campanillas en la enredadera y eso también conmueve mi corazón.

En esta forma, si puedo empezar mi día con experiencias que conmueven mi corazón, el día resultará ser maravilloso.

Si quisiera describir la experiencia de sentirse conmovido con exageración, diría que es tener un intercambio con nuestras fuerzas vitales. Tenemos resonancia unos con otros. Yo recibo la vibración del sol y también la de las campanillas. En respuesta, mando mi vibración al sol y a las campanillas. Cuando podemos intercambiar vibraciones maravillosas, podemos decir que estamos compartiendo nuestra vida.

Si no te percatas del sol brillante ni de las campanillas en flor, tal vez no estés listo para resonar con sus maravillosas vibraciones. Si ése es el nivel de tu vibración intrínseca, tu salud podría verse comprometida.

La falta de vibración significa muerte. Cuando encontramos algo maravilloso, sintamos cómo se conmueve nuestro corazón; y en esa forma, tengamos resonancia con vibraciones nuevas.

Debemos respetar al agua, sentir amor y gratitud, recibir vibraciones con una actitud positiva.

Entonces, el agua cambia, tú cambias, y yo cambio.

Ya que tanto tú como yo somos agua.

Figura 4.2
¿Qué le pasa al agua que se expone a un teléfono celular, a un aparato de televisión y a una computadora?

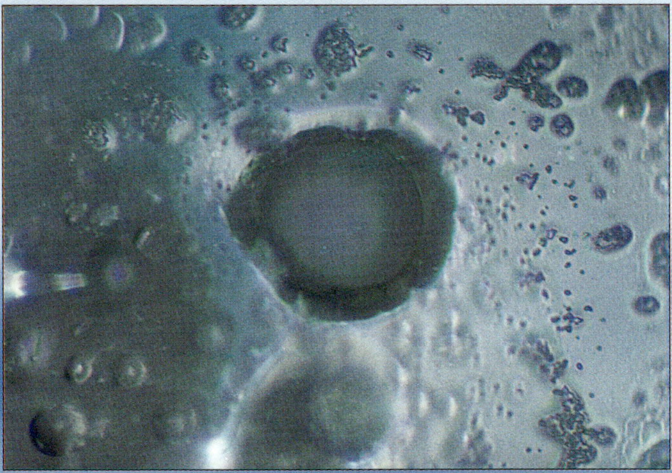

Agua que recibió ondas electromagnéticas de un teléfono celular.

Agua con la etiqueta "amor y gratitud" que recibió ondas electromagnéticas de un teléfono celular.

Pusimos agua destilada en una botella y atamos a ella un teléfono celular. Hicimos diez llamadas y mantuvimos la línea abierta en silencio durante un minuto cada vez. El resultado fue la imagen de arriba; sin embargo, el agua que tenía la etiqueta "amor y gratitud" formó un cristal.

Figura 4.2 (*continuación*)

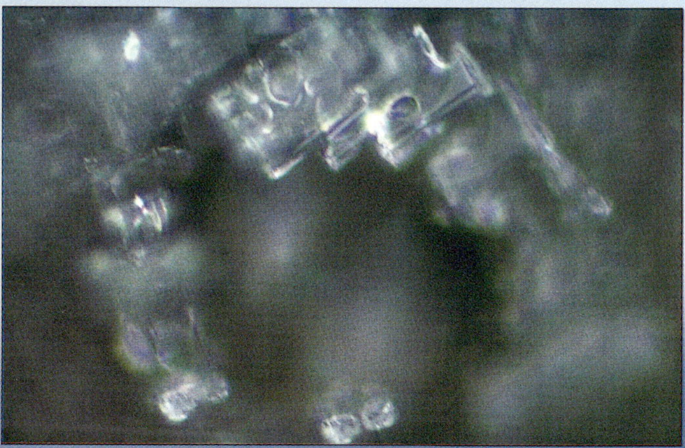

Agua que recibió rayos electromagnéticos de un aparato de televisión.

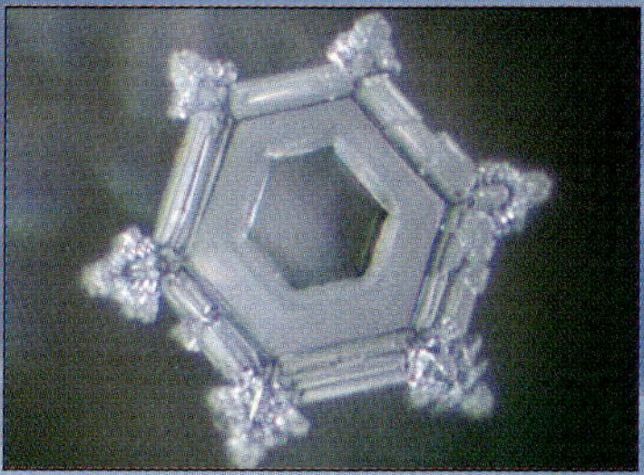

Agua con la etiqueta "amor y gratitud" que recibió rayos electromagnéticos de un aparato de televisión.

La imagen de arriba se tomó después de dejar la botella frente a un aparato de televisión durante cuatro horas. Al mirarlo, parece que hace que nuestros ojos se cansen. Por otra parte, el agua con la etiqueta "amor y gratitud" pudo formar un cristal hexagonal.

Figura 4.2 (*continuación*)

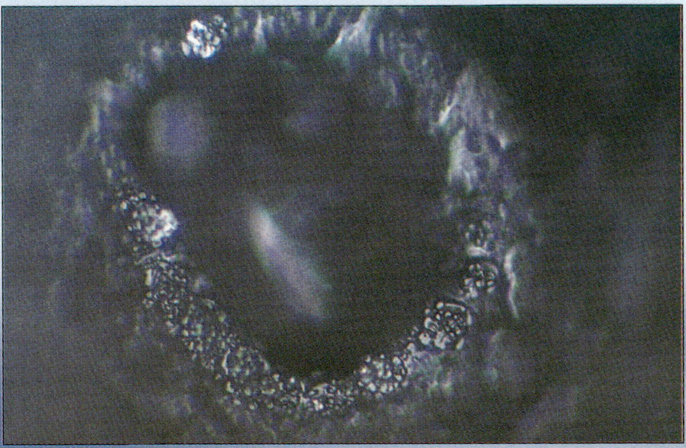

Agua que recibió rayos electromagnéticos de una computadora durante cuatro horas.

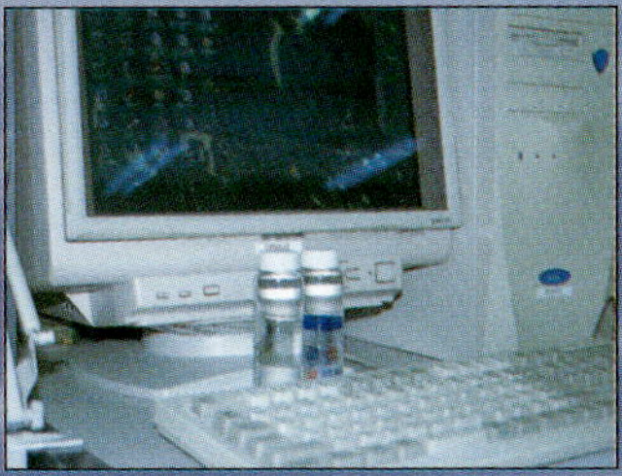

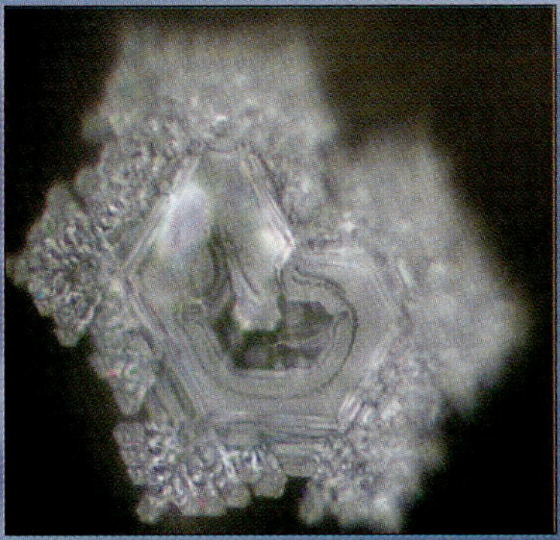

Agua con la etiqueta "amor y gratitud" que recibió rayos electromagnéticos de una computadora

Después de dejar una botella de agua frente a una computadora durante cuatro horas, el agua destilada de la botella sin etiqueta mostró una aterradora forma circular. Por otra parte, el agua que tenía la etiqueta "amor y gratitud" que se expuso a las ondas electromagnéticas de una computadora brilló como se muestra a la derecha.

Figura 4.3
Un buen programa de televisión también puede sanar al agua.

Agua a la que se mostró un documental televisado.

Se le mostró al agua un video titulado "Vida". Dependiendo del programa de televisión el agua puede formar cristales hermosos aunque no se le ponga la etiqueta "amor y gratitud".

Figura 4.4
Tocarle música a una botella de agua colocada entre los altavoces.

Figura 4.5
La buena música le agrada al agua y la sana.

"Canon en Re Mayor", Pachelbel.

El agua respondió a piezas de música de calidad formando elegantes cristales, pero reaccionó negativamente a música de heavy-metal. Esto no necesariamente significa que la música de heavy-metal sea mala, sino que la letra de la pieza que se usó al parecer era problemática.

Figura 4.5 (*continuación*)

"Time to Say Goodbye", Sarah Brightman
y Andrea Bocelli.

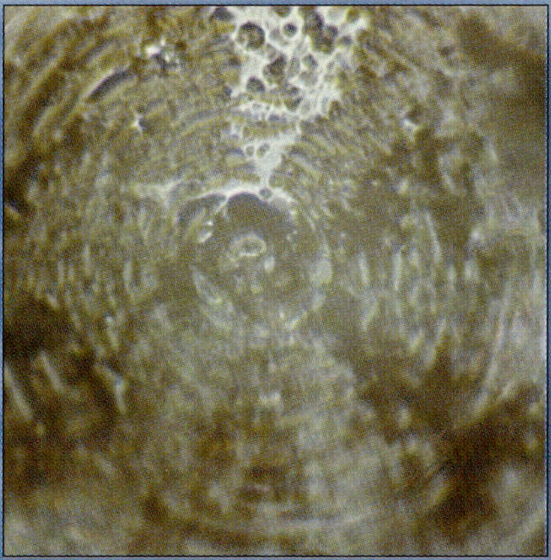

Una pieza de música de heavy-metal.

Figura 4.6
Nuestro cuerpo, nuestra mente y el agua responden a la buena música.

"Canon en Re Mayor", Pachelbel.

Hado emocional: Alivio de la ansiedad y desasosiego
Hado físico: Útero, ovarios.

El cristal de agua después de escuchar este canon reveló una forma única. Al igual que el tema de esta pieza, el cristal tenía capas. En lo que concierne a las partes del cuerpo, la música tuvo resonancia con el útero y los ovarios. De hecho, a mi esposa le gusta mucho esta pieza, y la escuchaba con frecuencia cuando estaba embarazada. Sería buena para el cuidado prenatal de un niño. No debe restarse importancia a la influencia de la ansiedad y el desasosiego en un feto.

Figura 4.6 (*continuación*)

"Tocata y Fuga en Re Menor", Bach.

Hado emocional: Alivio del letargo
Hado físico: Lado derecho del cerebro

Este cristal tiene un aspecto fresco. Nos recordó el profundo sonido de un órgano y parecía extenderse y elevarse hacia el cielo. Cuando se midió el hado de esta imagen, mostró que revitaliza el lado derecho del cerebro y cancela el hado del letargo. Esta solemne pieza de Bach realmente hace sentir a quienes la escuchan la motivación de la vibración. El Dr. Schweitzer es conocido por su dedicación a la profesión médica y por ser un talentoso organista. Se dice que esta pieza es una de sus favoritas. Quizás la tocata y fuga fue una fuerza de impulso para sus actividades.

Figura 4.6 (*continuación*)

"Marcha Número 1", Elgar.

Hado emocional: Alivio de la timidez y la vergüenza
Hado físico: Columna vertebral, médula espinal

El cristal de agua que se formó después de escuchar la "Marcha Número 1" de Elgar tenía una forma fuerte, digna y estable. Las medidas del hado de esta fotografía se dan antes. Sin valentía y confianza, no podemos caminar en forma digna. Esta marcha hace que enderecemos la columna vertebral en forma natural. Se recomienda para quienes no se sienten con confianza al hablar frente a un grupo de personas.

Figura 4.6 (*continuación*)

"Time to Say Goodbye", Sara Brightman y Andrea Bocelli.

Hado emocional: Alivio de la pasividad y la negatividad
Hado físico: El colon y el recto

Esta pieza fue un gran éxito a nivel mundial y llegó a ser muy popular en Japón, pues se utilizó en un comercial. Esta pieza parece tener un título triste, pero el resultado de las cifras del hado me hizo pensar que el "adiós" [goodbye] de esta pieza debe ser positivo. Descubrí que el significado de la canción era irse con la persona amada. El apartarse viene con las despedidas, pero cuando podemos tomar esta experiencia en forma positiva, tal vez seamos capaces de resolver un problema en el que estamos "atorados".

Figura 4.6 (*continuación*)

Preludio de *Carmen,* Bizet.

Hado emocional: Alivio de la opresión
Hado físico: Sistema circulatorio

Al igual que Carmen, la heroína de esta ópera, este cristal parece ser libre y sin inhibiciones. A diferencia de su trágico final, esta pieza tiene un efecto edificante en quienes la escuchan. Según mi experiencia, un cristal como éste sólo es posible cuando la pieza musical es exquisita y precisa. Los resultados de las medidas del hado se dan antes. Carmen no tiene la tendencia a oprimir nada en la vida que lleva. Carmen es una mujer que baila el flamenco con un ritmo apasionado y vive su vida como le place.

Figura 4.6 (*continuación*)

El Moldau, Smetana.

Hado emocional: Alivio de la irritabilidad
Hado físico: Sistema linfático

La fotografía del cristal de agua que se tomó después de tocar *El Moldau* tuvo como resultado cifras de hado que cancelan la irritabilidad. En lo que concierne al hado físico, tuvo una fuerte resonancia con el sistema linfático. Al escuchar esta pieza, podemos esperar que se alivie el hado de la irritabilidad y se revitalice el sistema linfático. Cuando te sientas irritable, es señal de que en tu interior te estás diciendo que necesitas calma y libertad de la presión. Al ser más bondadoso contigo mismo, tu mente se aclarará más.

Figura 4.6 (*continuación*)

"El Danubio Azul", Johann Strauss, hijo.

Hado emocional: Alivio del vigor perdido debido a una resistencia prolongada
Hado físico: Sistema nervioso central

Al escuchar el vals, "El Danubio Azul", los órganos del sistema nervioso central que se habían marchitado debido a una resistencia habitual, se revitalizarán. Podrás sentirte relajado y cordial tanto al nivel del cuerpo como al de la mente. Para aquellos que son sinceros y serios en cuanto al hábito de resistencia que adquirieron desde la niñez, sus células les están diciendo: "Ya no tienes que seguir resistiendo. Vivamos con libertad".

Figura 4.6 (*continuación*)

"Olas del Danubio", Joseph Ivanovitch.

Hado emocional: Alivio de la opresión
Hado físico: Fomenta la circulación de la sangre

Escuchar "Olas del Danubio" te ayudará a expresar tus sentimientos sin restringirlos. Cuando tu corazón se abre a tus verdaderos sentimientos, la circulación sanguínea estancada fluirá sin obstáculos; por lo tanto, las células se activan más. Además de aliviar la opresión, otras emociones que hacen que se estanque la sangre son la terquedad, la codicia y el miedo excesivo.

Figura 4.6 (*continuación*)

El lago de los cisnes, acto 2, Tchaikowsky.

Hado emocional: Obsesión
Hado físico: Articulaciones

Así como el cisne nada en el lago, bajemos la guardia (ideas fijas) que hemos construido dentro de nosotros y actuemos libremente. Al escuchar *El lago de los cisnes,* tal vez quieras mover el cuerpo con más libertad. Tus articulaciones y también tus pensamientos se volverán más flexibles.

Figura 4.7
Sistema de energía de sonido.

La voz se graba con un micrófono. Luego una computadora crea un sonido que corrija el hado con disturbios de la persona.

Figura 5.1
La gratitud y las plegarias purificaron al lago Biwa.

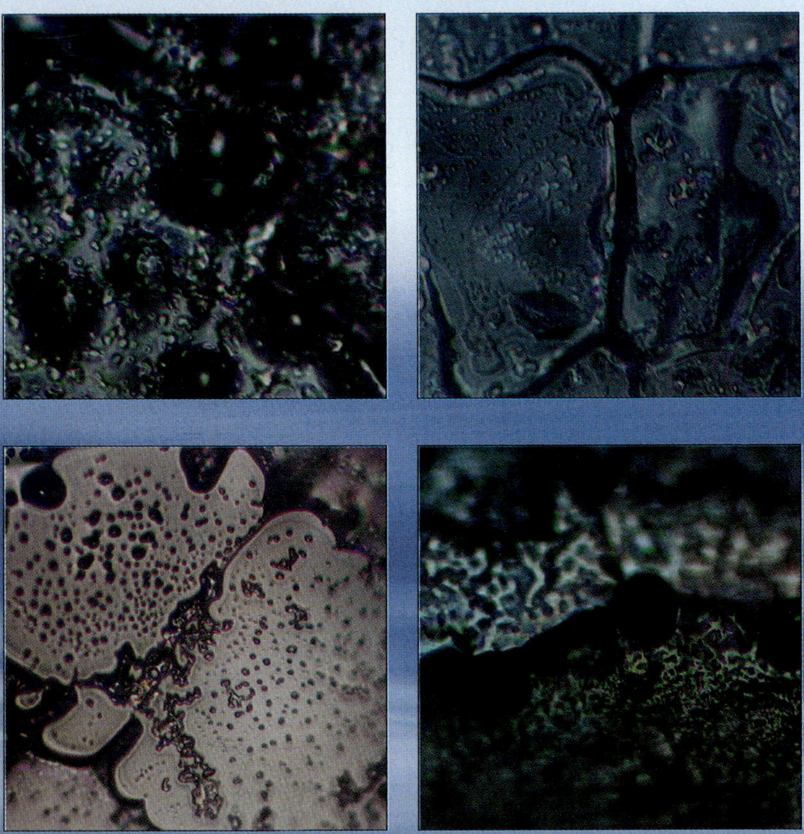

Agua antes del experimento.

Estas imágenes muestran el agua del lago Biwa antes de llevar a cabo el experimento con plegarias en julio de 1999. Como las fotografías fueron terribles, dudábamos que en realidad estuviéramos viendo a nuestro lago madre, y sentíamos deseos de alejar la vista de ellas.

Figura 5.1 (*continuación*)

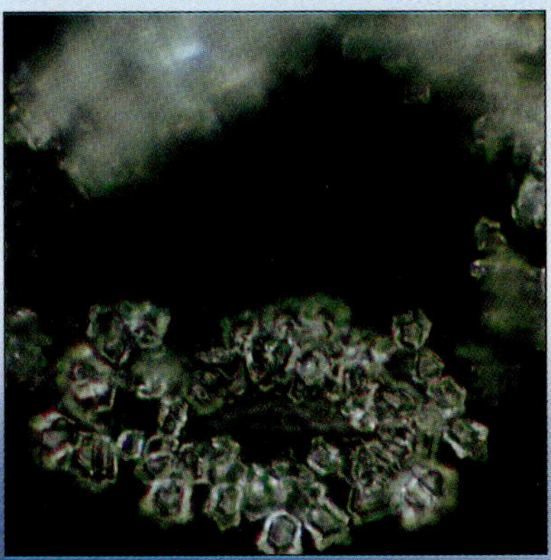

Agua después del experimento.

Agua seis meses después.

Después del experimento, tomamos muestras del agua y fotografiamos los cristales. Parecían reflejar el proceso de purificación del agua. Durante el verano de 1999 el lago Biwa no tuvo malos olores. La muestra de agua que se tomó en enero del año 2000, seis meses después de la plegaria, formó un cristal más ordenado.

Figura 5.2
El poder de las palabras que nos enseña el agua.

¡Hagámoslo!

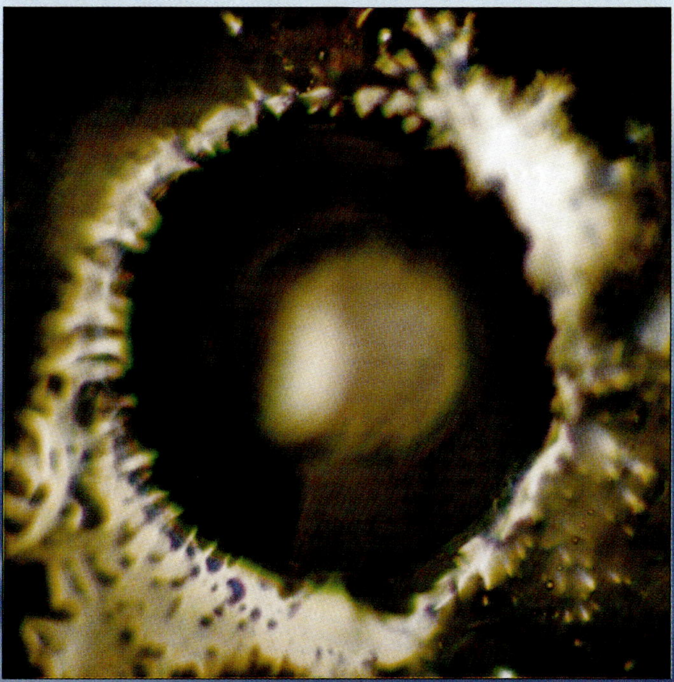

¡Háganlo!

Tal vez una forma imperativa no es parte de la providencia de la Naturaleza. "¡Hagámoslo!" tuvo como resultado un cristal agradable, libre y tranquilo, mientras que "¡Háganlo!" sólo creó un círculo en el fondo. ¿Qué frase escogerías?

Figura 5.3
Cómo responde el agua a palabras relacionadas con madres y padres.

El sabor de la comida de mamá.

Comida instantánea.

Aunque "el sabor de la comida de mamá" es diferente para diferentes personas, todos los cristales que fotografiamos del agua que se colocó en cincuenta cajas de petri eran ordenados y hermosos. Tal vez es porque todos tienen "el sabor de la comida de mamá" como un recuerdo tierno y hermoso. Por otra parte, el cristal que corresponde a la comida instantánea no es tan bonito.

Figura 5.3 (*continuación*)

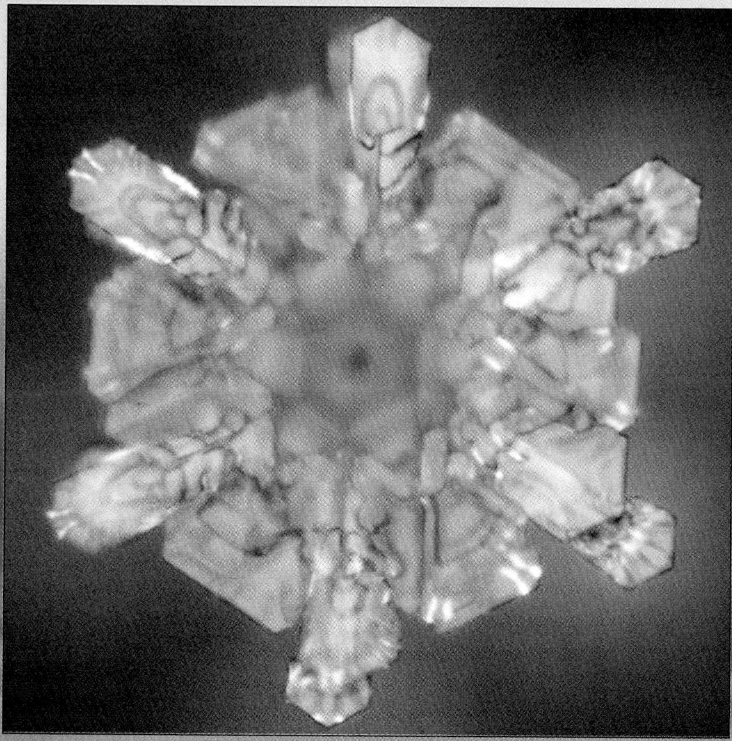

Cuidado de mamá.

Nueras y suegras.

Las fotografías de estas páginas son monocromáticas, pero el color real del cristal que corresponde a "cuidado de mamá" era ligeramente rosa. Según un especialista, el rosa tiene el poder del cuidado, del amor y de activar la fuerza vital. El signo kanji para "nuera" es una mujer que está en casa, y el que significa "suegra" es una anciana. ¿Es ésa la razón de que a menudo no sean amigables?

Figura 5.3 (*continuación*)

Viaje familiar.

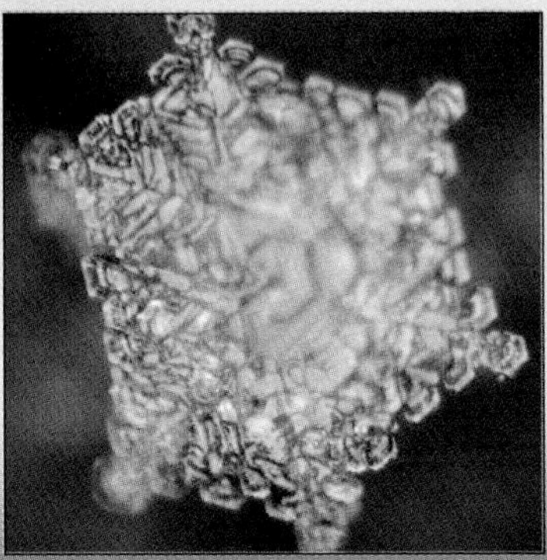

Jugar a la pelota con papá.

El sostén de la familia.

En lugar de decir que estás muy ocupado y muy cansado, es importante que dediques tiempo a la familia los fines de semana. De lo contrario, me temo que la presencia del "sostén de la familia" podría llegar a ser más pequeña que ésta la próxima vez que tomemos una foto de cristales de agua después de exponerlos a estas palabras.

SOBRE EL AUTOR

Masaru Emoto nació en Yokohama en julio de 1943. Se graduó en la facultad de Ciencias y Humanidades de la Universidad Municipal de Yokohama, con una especialización en Relaciones Internacionales. En 1986 estableció la Corporación IHM en Tokio. En octubre de 1992, recibió la certificación de la Universidad Internacional Abierta como doctor en Medicina Alternativa. A partir de entonces ha introducido el concepto del agua en micro-ramos en Estados Unidos, y la tecnología del Análisis de Resonancia Magnética. Así empezó su búsqueda para descubrir el misterio del agua.

Masaru Emoto realizó extensas investigaciones sobre el agua en todo el planeta, no tanto como un investigador científico, sino más bien como un pensador original. Al paso del tiempo se dio cuenta de que el agua nos muestra su verdadera naturaleza en forma de cristales de agua congelada. Ha seguido adelante con sus investigaciones y ha escrito una variedad de libros en japonés que han recibido gran aceptación, al igual que la original obra *Mensajes del agua,* que se publicó en edición bilingüe. Está casado con Kazuko Emoto, quien comparte su pasión y es directora de Kyoikuzha, la rama de su empresa que se dedica a publicaciones. Tienen tres hijos.

TÍTULOS DE ESTA COLECCIÓN

El verdadero poder del agua.

Masaru Emoto

Mensajes del agua 1.

Masaru Emoto

Mensajes del agua 2.

Masaru Emoto

Mensajes del agua 3.

Masaru Emoto

Esta obra se terminó de imprimir en octubre del 2006
en los talleres de Litográfica Ingramex, S.A. de C.V.
Centeno 162-1, Col. Granjas Esmeralda
C.P. 09810 México D.F.